大数据技术在高校英语教学中的应用探析

罗勋梅　苏莉杰　米淑一◎著

中国商务出版社
·北京·

图书在版编目（CIP）数据

大数据技术在高校英语教学中的应用探析 / 罗勋梅，苏莉杰，米淑一著. -- 北京：中国商务出版社，2023.5
ISBN 978-7-5103-4720-7

Ⅰ．①大… Ⅱ．①罗… ②苏… ③米… Ⅲ．①数据处理－应用－英语－教学研究－高等学校 Ⅳ．①H319.3-39

中国国家版本馆 CIP 数据核字(2023)第 098620 号

大数据技术在高校英语教学中的应用探析
DASHUJU JISHU ZAI GAOXIAO YINGYU JIAOXUEZHONG DE YINGYONG TANXI
罗勋梅　苏莉杰　米淑一　著

出　　　版	中国商务出版社
地　　　址	北京市东城区安外东后巷28号　　邮　编：100710
责任部门	外语事业部（010-64283818）
责任编辑	李自满
直销客服	010-64283818
总　发　行	中国商务出版社发行部　（010-64208388　64515150　）
网购零售	中国商务出版社淘宝店　（010-64286917）
网　　　址	http://www.cctpress.com
网　　　店	https://shop595663922.taobao.com
邮　　　箱	347675974@qq.com
印　　　刷	北京四海锦诚印刷技术有限公司
开　　　本	787毫米×1092毫米　1/16
印　　　张	10.75　　　　　　　　　　　　字　数：222千字
版　　　次	2024年4月第1版　　　　　　　　印　次：2024年4月第1次印刷
书　　　号	ISBN 978-7-5103-4720-7
定　　　价	68.00元

凡所购本版图书如有印装质量问题，请与本社印制部联系（电话：010-64248236）

版权所有　盗版必究　（盗版侵权举报可发邮件到本社邮箱：cctp@cctpress.com）

前 言

信息时代背景下，高校英语教育呈现出多元化特征，大数据技术能够在英语教育中发挥显著作用。高校英语教学作为展现高校综合教育水平、提升高校学生综合素质的重要途径，对于大数据应用的需求空间较大。因此，要转变传统的教育思想认知，积极构建高校英语教学信息化系统，或借助现有成熟的网络英语学习平台，全面收集学生学习信息，并对该信息进行充分的挖掘，进而得出有针对性的结论，制订个性化方案。

鉴于此，笔者撰写了《大数据技术在高校英语教学中的应用探析》一书，在内容编排上共设置六章：第一章作为本书论述的基础和前提，主要阐释高校英语教学的目标、原则与过程，高校英语教学的影响因素与不同维度，大数据技术与高校英语精准教学的反思；第二至六章分别研究大数据技术在高校英语有效教学中的应用、大数据技术在高校英语教学内容中的应用、大数据技术在高校英语混合式教学中的应用、大数据技术在英语跨文化交际教学中的应用、大数据技术在高校英语信息化教学中的应用。

全书结构科学、论述清晰，力求达到理论与实践相结合，本着务实、求新与开拓的精神，以全面发展为理念，创新课程内容和目标，并对课程主体、内容、方法分别提出有针对性的意见，既有英语教学的基础知识阐述，又有英语课程应用的方法探索，为推动大数据技术下高校英语教学的发展提供参考和借鉴。

在撰写本书的过程中，笔者得到了许多专家学者的尽心指导与鼎力支持，并借鉴了许多专家学者的研究成果，在此表示真挚的谢意。由于涵盖内容较多，篇幅有限，时间仓促以及笔者的能力局限性，尽管主观上尽了最大努力，但书中所涉及的内容难免有疏漏之处，希望各位读者提出宝贵意见，以便笔者进一步修改，从而使本书更加完善。

目 录

第一章 绪论 ... 1

第一节 高校英语教学的目标、原则与过程 ... 1
第二节 高校英语教学的影响因素与不同维度 ... 7
第三节 大数据技术与高校英语精准教学的反思 ... 29

第二章 大数据技术在高校英语有效教学中的应用 ... 35

第一节 高校英语有效教学的核心体系解读 ... 35
第二节 高校英语有效教学的方法与具体实施 ... 41
第三节 大数据技术下高校英语有效教学的提升 ... 49

第三章 大数据技术在高校英语教学内容中的应用 ... 52

第一节 大数据技术在高校英语听力教学中的应用 ... 52
第二节 大数据技术在高校英语口语教学中的应用 ... 56
第三节 大数据技术在高校英语阅读教学中的应用 ... 59
第四节 大数据技术在高校英语写作教学中的应用 ... 63
第五节 大数据技术在高校英语翻译教学中的应用 ... 66

第四章 大数据技术在高校英语混合式教学中的应用 ... 70

第一节 大数据时代英语混合式教学及其技术要求 ... 70
第二节 大数据技术在英语混合式教学模式中的应用 ... 79
第三节 大数据技术在英语混合式教学创新中的应用 ... 100

第五章　大数据技术在英语跨文化交际教学中的应用 ………………… 107

第一节　高校英语跨文化交际教学中的作用与原则 ……………… 107
第二节　高校英语跨文化交际教学内容与方法分析 ……………… 112
第三节　高校英语跨文化交际教学的学生能力培养 ……………… 115
第四节　大数据时代高校英语的跨文化交际教学策略 …………… 122

第六章　大数据技术在高校英语信息化教学中的应用 ………………… 125

第一节　大数据时代高校英语信息化教学资源的优化 …………… 125
第二节　大数据时代高校英语信息化教学模式的构建 …………… 137
第三节　大数据时代信息技术与高校英语教学的融合 …………… 151
第四节　大数据技术在英语教学信息化变革中的应用 …………… 159

参考文献 ……………………………………………………………………… 162

第一章 绪论

第一节 高校英语教学的目标、原则与过程

一、高校英语教学的基本目标

(一) 高校英语教学目标的拟定

"英语是一门语言学科,是用来交流的工具,听、读、写三种能力是英语教学之中的主要形式,是学生能否熟练使用这门语言的基础。"[1] 随着教育改革的发展,高校英语教学的目标逐渐变为以实用为主,以应用为目的,为培养生产、技术、服务、管理等方面的人才,高校应将英语纳入语言应用的范畴。在英语教学过程中,学生应该有意识地去运用英语交流,多用方能自如,通过连续的套用模拟,让学生在模拟—运用—拓展中找到语感,以后在相似的环境下即可自由切换,先找到语感,再完善细节,能够增强学生的自信心。

(二) 高校英语教学目标的原则

高校英语教学的基本原则需要包含语言学科的特点,符合学生学习的心理特征,掌握英语教学的具体原则,只有这样才能更好地实现英语教学目标,使教学质量得到较高的保证。

1. *教学目标的以人为本原则*

在教育过程当中,学生才是教学过程的主体,这样的观念可以被称为教育当中的以人为本观念,或者以学生为中心原则。以学生为中心原则就是在教学过程中以学生为主,根据每一个学生的不同情况制订不同的教学计划。学生的不同情况包括:学生的学习目标、

---

[1] 马丽. 高校英语教学目标中读听写的关系研究 [J]. 新教育时代电子杂志(教师版), 2017 (3): 33.

学生的学习习惯、学生的学习兴趣、学生的学习困难等。因此，教师在制订学习计划时不能统一制订一个，而是要根据不同学生制定不同计划，目的是为了让学生克服学习的畏难情绪，积极学习知识，从而形成良性循环。在这样的教学环境当中，学生可以顺从自己的学习方式，以自主学习为中心，拿出最大的精力和热情，更加积极主动地学习。

2. 教学目标的兴趣性原则

在英语教学过程当中，只有兴趣是可以让学生高效率学习的内驱力。学生对于未知的领域天然抱有一种好奇心，教师应该充分利用学生的好奇心，引导学生以积极的态度探索英语学习领域，增长学生对英语学习的兴趣。高校英语教学还应注重兴趣领域的影响原则，在学生感兴趣的情况下，充分调动学生的情感因素，让他们能够主动学习英语，热爱英语学习氛围。以兴趣原则为指导的英语教学活动，可以从以下方面入手：

（1）充分了解学生的特点。教师应充分了解学生的特点，每个学生的性格都是不尽相同的，因为各个学习因素的差别，每个学生的个人特点也就不一样。根据每个学生的不同特点来制订不一样的教学计划，让学生对英语学习产生兴趣。学生感受到了学习的乐趣之后，学习的热情就会高涨，主动学习成为学生的学习状态，学习的效率才会提升。

（2）改变教学方式和评价方式。在高校英语教学方式进行改革之后，高校英语的学习更多的是使学生掌握英语技能，了解英语语言的内在逻辑，从而为未来的语言交流奠定基础。

（3）对教材进行深度挖掘。教材在教学中发挥着重要作用，教师和学生在课堂上都会以教材为基准，进行英语学习的推进。教师对于教材，应该在课前就摸透，对于教材当中的难点、重点加以把握，还要尽量规避教材当中枯燥的地方，以学生感兴趣的点作为讲解切入点，引起学生的学习兴趣。

3. 教学目标的交际性原则

（1）重视使用交际工具。在现如今的社会当中，英语作为国际通用语言，越来越得到重视，通过英语的使用可达到跨文化交流的目的。高校英语的教学就是为了让学生掌握这项技能，在国际交流中利用英语作为交际工具，拥有沟通的能力。因此，高校的英语教学应该以沟通为最终目的，以学生为教学中心，将英语的教学带入生活情境；课堂的教学不能只停留在课本，应该让学生了解到英语学习的重要性，找到学习的兴趣点，让学生主动学习英语，快乐学习英语。

除教学方法之外，教师的个人英语能力也应该不断提升，应该多设立英语教学活动，在活动当中学习，在活动当中交流，不仅提高学生的学习兴趣，也要提高教师的能力，让教师接受新鲜知识，提高自身素质。作为学生主要的英语交流环境，课堂的交流需要教师引导，学生积极参与。只有将英语的交流延伸到课下的情境当中，语言才能具有自己的生命力。教师应该鼓励学生在课堂下互相交流，用英语对话，给彼此创造学习环境。

（2）重视语言语境的影响。语境对学生的交际能力有很大的影响，教师应该注意在课堂上创造良好的语境。尤其包括那些很常见的元素，即使它们使用相同的语言表达，在不同的交际语境之下，带来的交际效果也是大不相同的。在不同情境下，让学生扮演不同的角色来进行英语对话，这样的练习对学生的语言水平有很大的帮助，而且从另一方面增进师生之间的交流。

二、高校英语教学的基本原则

"英语教育应坚持实施多元化的教学策略，构建具有人文特色的文化教育体系，只有在英语教育中有意识地引入科学的文化评价机制，重视多元文化的发展，保持自身的文化独立性，才能真正建设一系列高标准的高校英语课程。"[①] 高校英语教学的基本原则包含以下方面：

（一）高校英语教学的灵活性原则

灵活是兴趣之源，灵活性原则是兴趣性原则的有力保障。语言是生活的一个必要的组成部分，是一个充满活力、不断发展的开放性系统。语言本身的性质以及学生的自身特点要求教师在英语教学中要遵循灵活性的原则，要在教学方法、语言学习和语言使用方面做到灵活多样，富有情趣。

1. 教学过程的灵活性

英语教学包括语言知识和语言技能，语言知识包括语音、词汇、语法等内容，不同的语音、不同的词汇、不同的语法项目都具有不同的特点；语言技能包括听、说、读、写四个方面，其中又包括许多微技能。而学习者的个体差异也是不同的。因此，在英语教学过程中要综合学生、教学内容以及教师自身的特点，创造性地开展多种多样的教学活动，充分体现教学方法的多样性和创新性，使英语课堂新鲜有趣，激发学生学习英语的热情，挖掘学生的潜能。教学的内容也要体现多样性的原则，不光要教英语，还要教学习方法，结合英语教学内容，融入思政内容，培养学生的爱国情怀，增强学生的文化自信。

2. 英语学习的灵活性

教学方法和教学内容的灵活性可以有效地带动英语学习的灵活性。要努力改变以往单

---

①陈思孜. 多元文化视域下高校英语教学理论与有效方法研究［J］. 科教导刊-电子版（上旬），2021（3）：233.

纯地死记硬背的机械性学习方法，帮助学生探索合乎英语语言学习规律和符合学生生理、心理特点的自主性学习模式，使学生能够自我导向、自我激励、自我监控；静态、动态结合，基本功操练与自由练习结合，单项和综合练习结合。大量的实践，可以使学生具有良好的语音、语调、书写和拼读的基础，并能用英语表情达意，开展简单的交流活动，开发听、说、读、写综合运用语言的能力。

3. 英语使用的灵活性

英语学习的关键在于使用，教师要通过自身灵活使用英语来带动和影响学生使用英语。教师应尽可能多地用英语组织教学、用英语讲解、用英语提问、用英语布置作业等，使学生感到他们所学的英语是活的语言。英语教学的过程不应只是学生听讲和做笔记的过程，而应是学生积极参与，运用英语来实现目标、达成愿望、体验成功、感受快乐的有意义交际活动过程。此外，教师还可以通过灵活性的作业使学生灵活地使用英语，作业的布置应侧重实践能力，如可以让学生用智能手机、电脑或平板等录制口头作业，让学生轮流运用英语进行陈述和评议时事、新闻等。

（二）高校英语教学的交际性原则

语言是交际的工具，人们主要通过语言来交流思想、传递信息。交际是在特定语境中说话者和听话者、作者和读者之间的意义转换。所以，应注意三个方面：①交际包括口语和书面语两种形式；②交际总是发生在一定的语境之中；③交际需要两个以上的人参与并产生互动。学习英语的首要目的就是使用英语进行交际，而英语教学的首要目标就在于培养学生的交际能力。交际能力的核心就是能够运用所学的语言知识在不同的场合下与不同的对象进行有效交际。因此，教师在英语教学中要贯彻交际性的原则，使学生能用英语与人交流。在教学过程中要努力做到以下方面：

1. 认识英语课程的性质

英语课是一种技能培养型的课程，要把语言作为一种交际工具来教、学、使用，而不是把教会学生一套语法规则和零碎的词语用法作为语言教学的最终目标；要使学生能用所学的语言与人交流，获取信息。在教学过程中，教、学、用三个方面构成一个有机的相辅相成的统一体，其中的核心在于使用。因此，教师转变以往陈旧的教学观念，认清课程的性质，是落实交际性原则首先需要解决的问题。

2. 培养学生语言使用的得体性

英语教学的首要目标在于培养学生进行有效交际的能力。根据交际性原则，学生要具备良好的交际能力，需要能够在适当的时间、适当的地点，以适当的方式向适当的人讲适当的话，创设情境，开展多样的交际活动。课堂游戏、讲故事、角色扮演、话剧表演、专题讨论或者辩论等，都有助于学生在创设的情境中充分表现自己，从而掌握地道的英语。

3. 养成精讲多练的习惯

英语课堂的工作不外乎讲和练两种，讲是指讲授语言知识，练是进行语言训练。在课堂上，适当地讲授一些语言知识是必要的，可以提高学习的效果。英语是一种技能，技能只有通过实际训练才能获得。因此，教师必须清楚，讲解的目的在于帮助学生更好地训练。在语言训练的过程中要针对学生的具体问题给以"画龙点睛"式的点拨，不仅有利于学生语言交际能力的培养，还有助于学生养成良好的学习与思维习惯。教师在进行必要的讲解后，要给学生留出足够的训练时间。

（三）高校英语教学的输入与输出原则

输入是学生通过听和读接触英语语言材料，输出是学生通过说和写来进行表达。一方面，在人们学习英语的过程中，能理解的总是比能表达的要多；另一方面，语言输入的量越大，语言输出的能力就越强。有效的语言输入应具备三方面的特点：①可理解性。如果学生不能理解所输入的语言，那么这些输入无异于噪声，是不能被接受的。②趣味性或恰当性。所输入的语言材料还要使学习者感兴趣。要使学生对语言输入感兴趣，最好使他们意识不到自己是在学英语，把其注意力放在意义上。③足够的输入量。要习得一个新句型需要数小时的泛读以及许多的讨论才能完成。教师在教学过程中应该注意以下方面：

第一，尽可能多地让学生接触英语。要通过视、听和读等手段，多给学生可理解的语言输入，如声像材料的示范和贴近学生日常生活和学习、适合学生的英语水平、具有时代特色的读物等，教师应该打破课内外的界限，帮助学生扩大语言接触面。

第二，输入内容和输入形式的多样化。学生接触的英语既要有声的，又要有图像的，还要有文字的，而且语言的题材和体裁以及内容要广泛，来源要多样化。教师要注意根据上述语言输入的分类，尽可能地为学生提供多种形式的输入。

第三，强调学生的理解能力。只要学生能理解的，就可以让他们听，让他们读。而且，还可以只要求学生理解，而不必立刻要求他们用说和写的方式来表达。从教学目标而言，对语言技能应该有全面的要求；从教学的方法而言，应该先输入，后输出。

三、高校英语教学的主要过程

（一）教学过程的兴趣性

兴趣在英语教学中发挥着至关重要的作用。因此，教师应意识到兴趣的重要性，在教学中多借鉴其他优秀的教学方法去唤醒学生的情感，激发学生英语学习的积极性，学生就能更加自觉地进行英语学习。调动学生的兴趣可以通过以下方法实现：

第一，深度挖掘教材。教材依然是教师开展教学活动的主要辅助性工具，教材中涉及丰富的、系统的知识，教师在备课过程中，需要将教材中可以引起学生兴趣的内容挖掘出来，这样学生在学习时就能感受到无限乐趣，也就更加愿意学习。

第二，尊重学生主体。教师必须认清教育的本质，了解教育是一种主动的过程，同时教师也应该放下自己所谓的固有姿态，认识到这样一个事实，那就是英语课堂的主体是学生，只有学生主动地、自觉地进行英语学习，英语教学才能取得不错的效果，而学生的英语学习能力才能有所提高。所以，英语教师要在总结学生生理与心理特点的基础上，在剖析与遵循英语学习规律的前提下，采用多样的教学方法激发学生的兴趣，让学生主动学习，主动参与英语实践互动。

（二）教学过程的系统性

英语教学本身就是一个复杂的系统，包含非常多的内容，因此，在教学过程中，教师要明白英语教学过程不是一蹴而就的，它需要循序渐进，只有从整体上出发，在把握系统性原则的基础上，才能够保证英语教学的有序性。而要遵循系统性，教师就需要做到以下方面：

第一，系统安排学生学习。学习活动虽然琐碎，但若从宏观上而言，可以发现，任何学习活动到最后都具有一定的系统性。因此，教师要帮助学生进行连贯的学习，让学生可以从系统的角度构建自己的英语知识结构体系。因为，学生的学习意识与学习习惯养成并不容易，需要教师一定要有恒心，不仅在课上要时刻对学生的学习做出合理的安排，而且在课下也能对学生的学习做出恰当的安排。

第二，系统安排教学内容。英语教学内容的安排并不是随意进行的，需要教师按计划进行。教材的编排从一开始就确立了其系统性，编排者在总结教学规律与学生学习规律的前提下编排教材，为教师与学生提供一个鲜明的结构层次。换言之，教师根据目录结构编排内容，本身遵循一定的教学规律。在英语教学过程中，教师对于生词和新的语法，要逐步进行，由浅入深，教学内容的安排需要以教学的系统为指导，内容安排才会更加科学、合理。

（三）教学过程的灵活多样性

1. 灵活多样的教学模式

多媒体教学、翻转课堂教学、移动课堂教学等新的教学模式不断涌现，让英语课堂变得灵活多样。基于信息技术的教学模式在一定程度上可拓展英语教学的空间，教师借助互联网可以搜集到更多的教学资源。同时，这种教学模式还极大改善学生的学习情况，不仅丰富学生的学习内容，最重要的是，还为学生提供更加多样的学习形式。在互联网的支持下，学生的学习活动相对变得比较容易，教师利用互联网下载文字、音频、视频等资源，为学生营造一个多样的学习环境，通过对学生进行多感官刺激，让其找到自己喜欢的教学方法，从而可以调动其英语学习的热情。在新的教学模式下，学生在学习活动中的角色也发生了明显的变化，学生不仅是自身学习任务的设计者，而且也是学习活动的合作者与评估者。

2. 灵活多样的教学评价

英语教学的评价要倡导多元评价，可以不同的评价方式进行整合，以实现评价的最优化。评价也应该有所侧重，要将文化知识及应用等相关内容纳入评价对象体系中来。需要注意的是，评价应该是从多个层面展开的，教师不是评价的唯一主体，学生也要参与评价，可以是对自我的评价，也可以是同伴之间的评价。学生之间的互评不仅能让学生通过他人角度了解自己的学习情况，而且还能加强彼此之间的联系，维护关系的和谐，多种多样的评价方式可以让学生置身自由、和谐的学习氛围中。

考核形式也不应固定、单一，可以采取开卷考试与闭卷考试结合起来的方式，也可以采取将笔试与面试结合起来的方式。相对而言，面试可能要增加符合英语的特点，教师与学生可以面对面直接交流，但在实际评价过程中，这种方式很少为教师所使用。在具体运用何种评价方式进行评价时，教师要灵活选择，可以让学生进行个人阐述，也可以让其采取小组讨论的形式，或者可以采取答辩的方式，但无论使用任何一种方式，教师都要从学生的实际情况出发，在了解学生学习情况与个人特点的基础上选择合适的评价方式，以保证评价的科学性、合理性。

第二节　高校英语教学的影响因素与不同维度

一、高校英语教学的影响因素

（一）教师影响因素

教师在英语课堂上一般会充当两种角色：①英语课堂的掌控者；②学生英语学习活动的引导者。有效开展英语教学活动，需要教师先拥有纯正的英语发音，英语发音对于英语学习而言至关重要。英语教学是教师与学生共同参与的活动，学生理应在这一活动中彰显自己的作用，所以，在课堂上教师应给予学生更多的自由时间，让学生去探究。英语教师必须发挥自己的主导作用，积极为学生提供一个良好的英语学习环境。教师可以整合不同的教学方法，在结合自己教学经验的基础上，探索更加适合学生学习需求的教学方法，学生就能在自己喜欢的课堂氛围中学习英语，也能极大地激发其学习英语的积极性。

英语教师的语言运用方式也能对英语教学产生影响。为了配合学生的学习理解能力，教师在教学过程中可以根据教学情况适当降低语速，适当地重复一些话语。英语教学的过程同时也是一个在不断反馈中获得优化的过程，在这一过程中，不仅包括学生对教师教学的反馈，也包括教师对学生学习的反馈，教师利用各种测试对学生的学习情况进行掌握，根据测试的结果了解学生的学习能力，并最后将学生在某些知识点上存在的问题反馈给学生。学生接到反馈之后能了解自己的学习不足，进而在后续学习中不断改进，提升自己的学习质量与效率。

（二）学生影响因素

1. 学生的角色类型

在英语教学过程中，学生的作用非常突出，教学的核心是学生的学习方式，教学的目的是促进学生的全面、终身发展，教学的方法是以学生为本，都充分反映了学生在教学中的参与。认识英语教学是不能忽视学生在其中所扮演的角色的。学生的角色主要有以下方面：

（1）主人。学习活动是一种知觉的活动，教师在其中只是起到引导与促进作用，学生才是学习的主体，其主动的学习才是提升其学习能力的关键。学生将自己当作学习的主人，自觉安排自己的学习计划，制定自己的学习目标，寻找适合自己的学习方法，形成良好的学习习惯，这些都能帮助学生最终建立起属于自己的知识结构体系。

（2）参与者。教学是教师与学生双向互动的过程，学生也应该是教学的主要参与者，因此在教学过程中，教师要注意提升学生的学习兴趣，激发其积极性，让其可以更加主动地参与到英语教学中来，积极给教师提供教学意见。

（3）合作者。英语学习活动不是学生一个人的独角戏，它可以是一群人的群体行为，因此，在个人学习活动之外还有小组学习活动。在学习小组中，当学生遇到不懂的问题时，其他同伴就可以为其解答，更重要的是，在共同探究问题的过程中，学生还能开阔自己的学习视野，学到不同的学习方法。

（4）反馈者。教学是一种反馈的活动，教师将知识传授给学生，学生根据自己的理解、消化情况向教师进行反馈，以便教师可以优化教学计划、目标，增强英语教学活动的开展效果。

2. 学生的个体差异

对于教育而言，其最根本的目的就是培养人，培养全面发展、终身发展的人，这就要求教育者要对学生情况有全面的掌握，既了解学生的生理、心理发展规律，又清楚不同学生之间的差异。每个学生都是独立的个体，在学习活动中所表现的特征都是不一样的，其学习动机、性格等都会影响其学习效果。因此，教师应根据学生的个体差异开展教学，这样英语教学的有效性才能尽早实现。学生存在的主要个体差异如下：

（1）不同的学习潜能。英语学习认知系统内涵丰富，学习潜能是其重要组成部分，展现的是受教育者的能力程度。而对于英语学习而言，则是指学生是否具备学习英语的天赋。通常而言，教师在开展英语教学活动时需要了解学生的英语水平，而学生的学习潜能则可以很好地将这种水平展现出来。

学生在英语学习上的潜能主要表现在四个方面：①是否具有对英语语音进行编码与解码的能力；②在对英语基础知识学习完毕之后是否具有归纳的能力；③英语学习中充满大量的语法学习，是否具有对英语语法习得的敏感性；④英语词汇是有规律可循的，是否具备通过联想进行词汇记忆的能力。每个学生的学习潜能也是不同的，因此，在实际的教学中，教师应考虑每一个学生的实际情况，这样才能将学生的最大潜能激发出来。

（2）不同的智力水平。智力也是认知系统的一部分，不过，它是一个综合体，将观察力、想象力、记忆力与逻辑思维能力进行整合，该能力是能够外显出来的，有较高智力的人能快速识得问题、解决问题。学生在智力水平上的差异，也会在一定程度上影响英语教学。因此，教师不能忽视智力对教学的影响，要对每一个学生的智力水平有清楚的掌握，在制定教学目标、方法与策略时就能更加灵活、科学。学生也应该对自己的智力情况有所了解，在清楚自身智力情况的前提下，学生可以选择更加适合自己的学习方法，从而实现学习效果的最大化。

（3）不同的学习风格。学习风格的形成不仅只是个人经验影响的结果，客观环境也能影响学生学习风格的形成。换言之，在一定的条件之下，学生的学习风格是可变的。根据不同的标准，学习风格可以有以下分类：

第一，按照感知方式来分。在具体的学习过程中，学生肯定会运用一些感知方式。由于学生个体在很多方面都存在差异，他们在感知偏好上也差异显著。所以，可以按照学生感知方式的不同对学习风格进行分类，可将其分为三类，分别为听觉型、视觉型及动觉型。

第二，按照认知方式来分。人们在学习过程中总会涉及一些新信息与新经验，而对这些内容进行分析、组织与整理的方式就是认知方式。每个学生在学习过程中所展现的认知方式与思维方式是不同的，所以，根据学生的认知方式的不同对学习风格进行划分，可将其划分为：场依赖型与场独立型、整体型与细节型、左脑主导型与右脑主导型。

（4）不同的学习动机。从本质上而言，学习动机是学生在学习过程中所产生的一种心理状态，它能激励学生掌握科学的学习方法，向着自己的目标前进。根据学生学习动机的不同对学习风格进行划分，可将其划分为深层动机与表层动机、内在动机与外在动机。

第一，深层动机与表层动机。根据刺激—反应理论，可将学习动机划分为两大类：①深层动机，是一种学生为了追求自己的非物质层面的需要而产生的动力，这方面的需要不仅包括兴趣需要，而且包括丰富知识体系的需要；②表层动机，是一种学生为了追求表面物质需要而产生的动力，这种需要主要表现为高报酬、好职位等。

学习动机与学习目标的关系是极为密切的，动机发生变化，目标也会发生变化。对于英语学习而言，那些具有深层英语学习动机的学生不仅要求自己扎实掌握英语基础理论知识，而且还要求自己能够具备较高的英语应用能力。很明显，他们对自己的英语有着非常高的要求，在学习英语的过程中总是充满着饱满的热情。

第二，内在动机与外在动机。根据动机的来源不同，可将学习动机分为两大类：①内在动机，英语学习者从自身激发出来的对学习的兴趣，该动机不仅保持学习的持续性，而且还能保持学习的独立性；②外在动机，在外在条件的影响下，学生不得不进行学习活动，有时甚至可能会让学生失去对学习的兴趣。

在学生学习英语的过程中，动机依然对学生产生不小的影响。通常情况下，具有内在动机的学生不会因客观条件的影响而放弃英语学习，这主要是由两方面的原因导致的：①因为他们学习英语是从兴趣出发的，具有自发性；②因为他们对英语学习的态度是诚恳的、积极的。具有外在学习动机的学生会受到客观条件的影响，所有的英语学习活动都是被动的，让学生无法感受到学习英语的兴趣，长此以往，他们可能会丧失学习英语仅有的热情。

学习动机与学生英语学习效果成正比关系。如果学生的学习动机特别强烈，那么往往会有着明确的英语学习目标，在学习过程中，他们会向着这一目标努力奋进，会积极投入到英语学习中，最后其也能获得很好的学习成果。而那些学习动机比较弱的学生，他们始终无法确立坚定的英语学习观念与目标，因此，他们在英语学习上往往没有太大的积极性，最终他们也就无法获得较好的学习成果。

（三）环境影响因素

英语教学系统还包括环境要素，环境也能对英语教学产生影响，这种环境主要指的是社会环境与学校环境。

第一，社会环境因素。社会环境对英语教学的影响不小，社会经济发展水平可以影响英语教学，科学技术发展水平、社会群体等也能对英语教学产生影响。此外，社会对英语人才的需求程度更是决定高校培养英语人才的思路与计划。社会环境因素对英语教学所产生的作用主要是一种导向作用，引导着英语教学向着能够促进社会发展与进步的方向发展。

第二，学校环境因素。学校环境不仅包括教室、教具等，而且还包括只能感知的校风班风与人际关系等。可见，学校环境的内涵是极为丰富的，教师在开展教学活动时也应该考虑学校环境的因素，为学生营造良好的英语学习氛围，增加与学生之间的互动，加强情感关联。

（四）内容影响因素

为了实现预先制定的教学目标，就需要设置恰当的教学内容。一般而言，教学内容体系丰富，不仅包括大家普遍熟悉的知识、思想、概念以及原理等，而且还包括技能、问题以及行为习惯等。于教师而言，在开展教学活动的过程中，教师必须要有一定的依据，教学内容就是这一重要依据。于学生而言，在开展学习活动的过程中，学生也需要有一定的学习对象，而教学内容就是学生需要理解与掌握的对象。

教学内容对于教学活动的有效开展是非常重要的。当教学内容确定下来后，教师才能制订教学计划，确定教学方法与策略，根据教学内容因材施教，这样才能培养出高质量的英语人才。因此，教学内容对英语教学也能产生影响，且这种影响的范围还非常广。英语教学内容非常丰富，主要包括以下方面：

第一，语言知识。语言知识是学生学习的基础性内容，同时，也是学生进行英语语言应用的前提，如果学生没有掌握扎实的英语知识，其就无法具有较强的应用能力。

第二，语言技能。学生在学习英语过程中必须具备四项最为基本的技能，就是大家熟悉的听说读写技能，同时，这四项技能也是学生进行英语实践活动的基础与手段。

第三，学习策略。为促进学生更好地学习，通常教师会依据教学内容实施不同的教学策略。而对于学生而言，为了让自己能获得不错的英语学习效果，他们也会在学习过程中使用学习策略。学习策略的选择至关重要，合理的、正确的学习策略不仅能提高学生学习英语的质量与效率，此外，还能让学生养成自主学习的好习惯。因此，在教学过程中，教师要帮助学生确立适合自己的学习策略。

第四，文化意识。英语教学不仅包括英语语言教学，还包括文化教学，学生接触与掌握英语国家的文化，可以帮助学生了解不同国家的特色文化，更好地进行英语学习。因此，教师在教授英语语言知识之外，还要向学生传递文化知识，让学生了解文化之于语言的重要性。

第五，情感态度。学生的学习活动同时也会受到其情感态度的影响，这就要求英语教师在教学过程中要时刻关注学生的情感动态。当学生情感出现波动时，教师要及时关怀学生，给予学生安慰，让其明白英语学习与其他学习一样，都是不容易的，学好英语良好的心态非常重要，要帮助学生培养出积极的情感态度。教师还要注意激发学生学习英语的兴趣，只有学生形成英语学习的兴趣，才能在英语学习过程中将这种兴趣转变为动机。在动机的驱使下，学生就能逐步树立学习英语的信心，即使会面临困难，学生也会迎难而上。

二、高校英语教学的不同维度

为促进高校英语教学目标的实现，在英语教学过程中应进行多维度的教学分析，从教材中挖掘文化素材，创新教学手段，组织开展丰富多彩的文化活动，进行文化渗透，培养学生的文化素养，提升英语文化教学质量，从而为社会培养优质英语人才。

（一）高校英语教学的生态维度

1. 生态特征表现

（1）高校英语教学的生态系统。高校英语生态教学是一个完整系统，从属于教育生态系统，由一定教育环境的相关要素组成，这些要素可以分别归结为自然环境、社会环境和规范环境。教育生态系统以人的活动为生态环境主体，按照人的理想建立一套相应的系统要素。教育生态系统特点包括：①社会性，即受人类社会作用和影响；②易变性，即不稳定性，容易受到各种环境因子影响，并随人类活动而发生变化，自我调节能力相对较弱；③目的性，系统运行的目的除维持自身平衡外，还需要满足人的需要。教育生态系统的运行，既遵循自然生态系统的某些规律，也遵循社会系统的某些规律。

"教育生态学是将生态系统内在机理映射到教育领域，并针对二者的相互作用和联系开展深入研究的新兴学科。"① 从教育生态学而言，教育生态系统是由生态主体和生态环境构成的有机整体。教育的生态主体主要指学生和教师，教育的生态环境指对教育活动发生作用和影响的环境体系。

教育生态环境包括三个层次：①围绕教育的综合自然环境、社会环境和规范环境所组成的单个或复合的系统，如整个教育工作教育事业；②以单个学校或某一教育层次的某一教学单位为中心，构成、反映其内部相互关系的系统；③围绕学生个体发展而形成的外部

---

① 魏丽珍，张兴国．高校英语教学的生态特性及教学定位探究［J］．环境工程，2022，40（2）：2.

环境，即由自然、社会和精神因素组成的系统，如学校自然环境、教育政策、教学活动、教师学生生理心理条件等。高校英语教学生态系统处于第三个层次。

第一，高校英语的生态系统构成要素。高校英语教学生态系统是围绕高校英语教学活动，而构建具有生态特性的教学系统，由教学主体（学生、教师等）及其相应的教学环境组成。该系统有其特定结构，正是由该特定结构，决定高校英语教学生态系统的特定功能。教学环境指影响高校英语教学活动的一切外界因素的总和，有自然环境、社会环境和规范环境之分。

自然环境是实施教学行为的基础，直接或间接作用于人的身心、认知及审美能力的发展。教学的自然环境更多地指教学的物理环境或称教学条件、教学资源等。高校英语教学的自然环境是社会环境的物质基础。

社会环境是人类生存及活动范围内的社会物质、精神条件的总和。社会环境在教育生态学中，主要指对教学活动产生作用和影响的各种社会条件，也指教学活动与其他社会组织发生的各种关系，包括从社会、政治、经济、文化到家庭的亲属关系，学校的师生关系，同学关系乃至学生个人的生活空间，心理状态对教育的影响。教学规范环境是社会普遍的、符合教学群体需求期望的教学规范、教学态度和价值观，包括教育传统、教育政策、社会风气、文化传统、伦理道德、科学技术等环境因子，也是教学要求、评估标准、课程设置目标的教学理念、师生的认知观念。

高校英语教学环境既包括课堂教学环境，也包括学校环境与社会语言环境，但主要指课堂教学环境，还包括学生个体生理心理环境。应该特别注意的是，要重视高校英语教学生态系统内外环境的多维镶嵌性。总体而言，在高校英语教学的一个时空内，教学主体和教学环境共同构成一个互相影响、互相作用，具有物质、能量和信息传递功能的统一整体，以上是高校英语教学生态系统。作为一种独特的生态系统，高校英语教学生态系统同样表现出生态系统的若干基本特性。

第二，高校英语的生态系统等级分类。

首先，个体生态。高校英语教学生态关注教育过程中学生个体的存在状态和学生生命体的健康成长。在教学过程中，作为教学生态主体的学生，有着不同的生理特征、心理特征、成长背景，也有着不同的知识结构、语言观、价值观、人生观和世界观，本身就是一个相对独立的生态系统。周围环境对学生个体生态发挥的作用、产生的影响都不相同。个体生态的物理环境是学生所处的物理教学环境，主要指课堂环境和学习条件。个体生态的社会环境，更多地指学生个体与其他个体之间的关系及其对学生个体的影响。无论是主动或是被动，生态个体总会与其他个体形成某种关系并相互影响、相互作用，而且生态个体往往会把其他个体作为自己的一个镜像。

其次，群体生态。生态学中的群体生态指一定栖息地范围内同种或异种生物群体所处的环境状况。在高校英语教学生态系统中，由不同的学生个体、教师个体组成不同的教学群落，如一个教学班级、一个教学小组。教学群体可以有正式的和非正式的。正式的群体具有较强的稳定性，最典型的正式教学群体是英语教学班级；非正式群体的流动性较强，群体的组成往往出于兴趣、情感或是完成某一教学任务，如学习小组、任务小组、兴趣小组等自然或半自然的群聚体。

最后，系统生态。生态系统的生物成分有生产者、消费者和分解者。生产者、消费者和分解者各司其职，保证生态系统内外物质流、能量流和信息流的顺利移动和交换，使系统处于动态平衡状态。高校英语生态教学系统中也有生产者、消费者和分解者之分，但是在划分时不同于生物生态系统中生物功能划分的绝对和明晰。

总而言之，在高校英语教学生态系统中，每个生物体的功能都是多元多维的，作为教学主体的学生和教师，通过履行职责，使物质流、智能流（信息流）和能量流在教学系统内外循环和转移，保证教学生态系统的有序运行。

第三，英语教学的生态系统构建原则。高校英语教学作为一个生态系统，拥有系统所属的基本特征。按照生态系统的基本特性和教育教学的基本规律，要构建相对理想的高校英语教学生态系统，必须充分体现以下主要原则：

首先，整体性原则。高校英语教学系统是由教学主体、教学物理环境、社会环境、心理环境、规范环境等要素构成的统一有机整体。教师和学生脱离教学环境，便不再是严格意义上的教师和学生，而没有教师或是学生的教学，同样不再是教学活动。教学系统中的教学目标、教学策略也不是先于教学系统而存在，而是在教学系统不断优化和发展中逐步形成和完善的。关注各个要素的同时要考虑系统整体的平衡性，而系统整体的稳定和发展也是各要素共同作用的结果。因此，在构建相对理想的高校英语教学生态系统时，必须把系统的整体性放在首要位置，并发挥其作用。如此强调整体性，关键在于要使组成系统的各种要素在有规则的相互作用过程中整体发挥作用。

需要特别注意的是，在研究教学系统中各个要素时，既要将学生看成是整体系统中的一个重要部分，又要把学生看作是一个完整的生命有机体，尊重其认知、情感发展的规律，赋予学生完整的生命教育。英语教学策略与教学方法也有各自的特点和规律，在尊重这些规律和特征的同时，需要考虑如何优化和加工，才能使其为英语教学系统的整体目标服务。

其次，相关性原则。高校内的教务部门、英语教学机构、学生班级、教务人员、教师、学生、校园环境、实验室、实践基地、教学制度、教学要求、教学模式、教学管理、教学方式等，都是紧密联系、相互依赖、相互作用的作为系统要素，表现为一种相互关联的共生态，各要素互为条件并相互影响，就是系统的相关性。

教师为学生的学习提供服务，学生又是教师存在的条件。同时，学生之间也存在共生性。不同教育群体处于同一个教育生态系统中，为全面发展而创造良好的校风、班风，彼此间相互学习、相互鼓舞、相互提高，体现互助和互惠关系。因此，必须高度重视系统相关性的特质，正确处理各要素之间的关系，使之相互协作、相互支持、相互补充、相互理解，才能充分发挥各自的积极性、创造性，形成强大而健康的合力，使高校英语教学环境成为一个充满活力、生机勃勃、有序运行、高能高效的教学生态系统。

再次，有序性原则。构建相对理想的高校英语教学生态系统，遵循有序性原则显得尤为重要。在高校英语教学生态系统内部，各个子系统、各个要素均是层次等级结构，其形态特征是稳定有序的。但事实上，形态特征的稳定有序并不能说明实际运行一定稳定有序，这是在构建相对理想的高校英语教学生态系统时所关注的一个核心问题。需要特别指出的是，对高校英语教学活动总是希望其过程稳定有序，是完全正确的，但这种愿望和追求又不能过于绝对，因为波动和无序也是客观存在、不可避免的。

有序使人们便于驾驭局势，便于操控实际工作，实现既定目标，但这样的有序也会束缚和限制人们主动性、创造性的发挥；无序会干扰有组织、有计划、有目的的工作，但是会带来自由发挥和机动调整的新因素，带来可供选择的新机会，由此而纠正或者完善既定计划方案中实际存在的误差和不足。所以，有序和无序都是人们在工作中发挥主动性和创造性的必要条件，同时又互为限制因素，两者彼此适中才能促成系统的不断优化，这一点对于创建相对理想的大学英语教学生态系统格外有启示，因为，要构建的系统是一个自由活跃、充满和谐和生机的系统。

最后，协变性原则。协变性是当系统出现变化，特别是出现无序时，通过系统内部的协同作用，使系统实现有序。实际上，高校英语教学过程是一个动态起伏的过程，有智慧、有经验的教师会把这种动态起伏把握得恰到好处，做到动静有度，起伏有序。在英语课堂上，教师、学生以及他们的心理情感总是相互作用、相互影响的，一个因子的变化会导致另一个因子发生变化，这种变化作为系统要素因子可能是维护系统的有序性，也可能是影响系统的有效性。如果是后者，则要通过系统内的协同组织功能消除这种影响，使系统重现有序。

教师的教学理念将决定其选用的教学模式、教学方法和教学资料，不同的教学模式、方法和教材对学生的知识结构和认知能力将产生不同影响。学生也许一时不适应，但会努力做出心理调整，使知识结构和认知能力适应教师教学发生的变化。学生的认知结构和认知能力变化，又可以改变教师的教学理念，教师或将坚持其教学理念，又或将对已有的教学理念重新理解，甚至放弃。协同变化还表现在教师和学生间的情绪变化，学生的情绪会直接影响教师的情感，在积极的课堂情感环境下，学生的主动参与会提高教师的教学热情。

高校英语教学生态系统的可持续发展在于系统的生命力,即生命存在的能力和生命发展的能力。对于构建相对理想的高校英语教学生态系统并充分体现其可持续发展能力,主要依赖于四个方面:①系统本身的科学性、合理性。换言之,该系统不完全是主观产物,而是客观需要的产物,它的存在、发展、运行是有规律的,是合乎历史逻辑和常理的。②该系统运动的动力是源源不绝的,有持续不断的信息、物质、能量输入和输出,维持和更新系统本身的动态平衡和发展需要。③系统运行的可靠性和可控性,即该系统是有序和无序的有机结合,是可靠的,也是可以驾驭和控制的,能够通过有效调节,维持其正常运行的状态。④系统的各个子系统、各个要素的主动性和能动性,是积极的而不是消极的,是主动的而不是被动的,是求新求异的,而不是守旧保守的,都有使系统更优的普遍心理追求和实际行动。

第四,英语教学的生态系统构建规律。高校英语教学生态系统的运行有其自身特有规律,结合教育生态学比较有共识的基本规律用于高校英语生态系统中,主要包括以下方面:

首先,平衡与失衡。自然界中的各种因子都是彼此间互相联系和制约,并由此构成统一体。因子之间的相互作用达到一个相对稳定的平衡状态就是生态平衡,可见该平衡态是通过自然生态系统的自我调节而达成。生态平衡是动态平衡而不是静态平衡,是相对平衡而不是绝对平衡。当生态系统受到外部干扰超过生态系统自我调节能力的可控范围时,生态系统将无法维持相对稳定的平衡态,被称为生态失衡。一旦出现生态失衡,各种生态问题会陆续出现。在高校英语教学生态系统中,智能信息、物质在各个因子间转换和循环,各教学因子间的相互作用和制约,使教学生态系统处于相对稳定的状态,但是局部生态中教学失衡现象也会发生,需要通过外部干预或内部自调自控机制干预进行调节,使得教学生态系统达到新一轮的稳定平衡。

其次,迁移与潜移。生态系统的物质流、能量流和信息流的循环与交换,表现为宏观上的迁移和微观上的迁移。高校英语教学生态系统的物质流、能量流和信息流同样也表现出迁移和潜移特性。教师讲授课程、向学生演示语言技能,语言知识、信息流动有明确的流向和路径,这是知识、信息的转移。知识和信息通过感官进入学生大脑后,学生的认知结构会发生变化,知识、信息被分解为数据,再由数据合成信息,建构成新的认知,这些新的认知将对学生的身心发展产生影响,特别是由于语言是文化和思维的主要承载,这些新的认知将促成学生或是认知的发展,或是情操的陶冶,又或是价值观、人生观和世界观的发展等,这是知识和信息的潜移。

最后,竞争与协同。同一生态环境中的不同物种之间存在竞争,从长远观点而言,物种间的相互竞争最终会导致协同进化。环境的不断变化给予生物个体进化的压力,而环境不仅包括非生物因素，也包括其他生物因素。在高校英语教学生态系统演化和发展过程中，学生之间的关系也有竞争与协同发展的关系。在教学生态环境中，协同发展表现得更为明显，但竞争关系也使学生学习更有动力。要实现协同发展，需要调整竞争与合作之间的关系。

第五，英语教学的生态系统构建要求。高校英语教学生态模式是高校英语教学系统，高校英语教学政策系统，教师、学生心理情感系统，以及高校所处自然环境、社会环境的复合体。构建相对理想的高校英语生态教学系统模式，最关键的是两个条件：①组成该系统的各要素应比现有要素更优越、更强健；②由这些要素所组成的系统结构比现有的系统结构更优越、更科学，才能保证系统更优越、更高效、更强劲，实现人们对高校英语生态教学模式所期望的功能效果。因此，构建相对理想的高校英语教学生态系统，至少有以下五个方面的基本要求（表1-1）：

表1-1 构建理想高校英语教学生态系统的要求

要求	内容
英语教学的生态系统必须是一个紧密联系的系统	联系是事物本身的固有属性。系统是由一定数量并相互联系的要素组成，是事物普遍联系的一种状态。联系导致事物之间及事物内部各要素之间相互影响和相互作用。在相对理想的高校英语教学生态系统中，作为要素的高校各有关部门（尤其是教学管理部门）、各院系（尤其是承担高校英语教学任务的外国语学院）、各专业、各班级以及教师、学生、教学空间等，还有高校英语教学政策系统、教师学生情感系统及其各要素，均应是紧密结合、有机联系的。换言之，这些要素的存在和组合需要紧密联系，其组织、机制和秩序要便于系统有目的地运行。因为紧密联系才能构成系统的整体性，才有可能实现整体大于部分之和，这种紧密联系是各要素相互依存、相互制约、相互作用，是系统高效的反映。紧密、有机的联系也是系统的结构性和相关性的保证，而结构性和相关性又是决定系统整体功能的关键，结构越合理，相关度越大，整体内能越好，反之亦然
英语教学的生态系统必须是一个开放创新的系统	开放系统是与周围环境和相关系统发生信息、物质、能量交换的系统，是一个活的系统。开放系统一旦切断与外界信息、物质能量的来源，便会影响系统的稳定有序。同时，系统的自组织能力能够在一定条件下应对和抗拒外部干扰，保证系统的稳定性。开放的系统一定要不断吸收外来事物，以维持和发展自身运动。构建相对理想的高校英语教学生态系统，必须是一个开放系统，也必须吸收外部信息、物质、能量，保证自身运行。教育的开放与交流是人类文明进步的表现，创新是事物发展的不竭源泉，也是系统不断进步、不断优化并朝着最优状态接近的强大动力，对于相对理想的高校英语教学生态系统建设尤其重要。因此，相对理想的高校英语教学生态系统必须是一个改革创新的系统，是一个兼收并蓄、对外开放的系统，以保证系统的可持续发展
英语教学的生态系统必须是一个稳定有序的系统	系统具有严密的结构和稳定的等级层次，以体现系统的组织化及各要素之间不可分离的相关性，也是系统运行稳定有序的基础和前提。相对理想的高校英语教学生态系统，则是一个稳定、按规则运行、易于调控的高效高能系统，必须限制和消除无序，保证和扩大有序，也要正确处理有序和无序的辩证关系。高校的英语生态教学系统，其结构关系、等级层次、运行秩序都应是严密的、明确的，校级的教学行政管理部门及各相关部门的职责、任务、工作方式与内容，院系及外国语学院的职责、任务、工作方式与内容，教师、学生的任务和教学方式、学习方式与内容，都要明文提出要求，并要有严格的执行和检查督导机制，才能够及时消除工作中的无序和干扰，保证整个教学活动稳定有序地进行

续表

要求	内容
英语教学的生态系统必须是一个自调自控的系统	为了保持和发展系统的稳定、有序和高效，相对理想的高校英语教学生态系统必须具有自我调节、自我控制、自我纠错的机制和功能。对此，要求系统的自组织能力、环境适应能力、协同调处能力、信息反馈能力强。最关键的是系统不仅能够很快发现外界干扰，而且能够很快发现自身运行中出现的问题，既可以及时对抗干扰，又可以及时自我纠错，使系统按照既定目标继续有序运行。相对理想的高校英语教学生态系统，应该展现自调自控的能力。高校的英语教学是一个庞大复杂的系统，系统本身和系统运行受到外界干扰是不可避免的，随时都有可能发生，但出现这些问题的系统，首先要有自己解决问题的能力
英语教学的生态系统必须是一个充满活力的系统	活力是旺盛的生命力，行动、思想和表达上的生动性以及积极的情绪和心境状态。活力包括三个方面，即体力、情绪能量、认知灵敏性。把"活力"的概念移植到高校英语教学生态系统中并作为一个特定功能，要求相对理想的高校英语教学生态系统具有旺盛的生命力，充满无限生机。具体而言，该系统中的人（管理人员、教师、学生）身体健康，精力充沛，饮食、睡眠良好，业余活动积极向上，思维敏捷，工作和学习效率高，充满自信，追求卓越，动机强烈

高校英语教学生态系统的管理人员应该恪尽职守，坚持原则，以人为本，实行人性化管理；教师不断改进教学方法，因材施教，倾听学生意见，课堂生动活泼，既教书又教人；学生学习积极主动，能够把握情感情绪，以饱满的热情上课听课，并热衷师生互动。该系统所遵照执行的各项政策、规定制度，其指导思想正确，内容切合实际，既能规范各项教学活动，又能体现民主管理，调动师生员工的积极性和创造性。

（2）高校英语课堂的生态功能。课堂生态功能就是指课堂生态系统内部各生态因子之间的相互作用或系统与外部环境之间的相互作用给系统内、外带来的积极作用，这种作用只能在系统与环境的相互作用过程中才会表现出来。结构和环境决定系统的功能。

第一，协调关系。教师和学生是课堂生态里面的生态主体，他们之间的关系是课堂生态的重要构成和主要关切。师生关系是流动的、互为依存的，通过课堂教学活动不断调整变化。生态视野下的课堂追求师生之间更多的交互，提倡学生更多的课堂参与，这些教学活动给系统输入新的动能，促成一种新型的互相尊重的和谐师生关系的诞生。此外，生态视野下的课堂重视主体性，强调学生与教师之间、学生之间、教师之间的多元互通。师生交互的过程中，必然伴随着情感的交流，情感信息在各种生态因子之间发生流动，形成情感交流的动态网络。学生的情感态度会影响教师的教学，教师的情感态度会影响学生的学习，师生在教学生态中不断通过反馈自我调整情感，有利于师生关系的和谐。同时，课堂生态中主体与客体的关系也通过系统的反馈不断优化，关系趋向更加和谐。

第二，优化结构。课堂生态的营养结构也是比较清楚的，教师生产知识，学生消费知识，环境在过程中起着媒介的作用，在这点上教材扮演着重要角色，学生通过对教材的学习增强自己的知识，提升自己的能力。在生态理念的推动下，课堂生态因子之间的互动随之发生变化，课堂生态逐渐由传统型向建构型、共建型等新的生态结构演化，在此过程中课堂生态系统得到不断优化。

第三，生态育人。生态系统的最根本功能是提升生产力，课堂生态的根本功能是培育人才，这里的生态育人包含三层意思：①生态主体的共同成长。人是教育的核心元素，育人是教育的根本任务，所以课堂生态的功能归根到底是育人的功能。和谐与共生是生态课堂的根本属性，教师和学生的共同成长是生态课堂的最终目标。②生态主体的均衡发展和可持续发展。现代课堂生态更加关注人的全面自由个性发展，提倡多样性共存。可持续发展指对学生的培养更加放眼长远，注重自主学习能力的培养和终身学习理念的传输，最终通过人的可持续发展促进社会的可持续发展。可持续发展是现代生态学研究的重要领域和重要思想。③育人方式更加生态、更加科学。现代课堂生态更加重视学生的主观能动性，认为知识是靠自己参与活动体验出来的，是靠自己探究发现出来的，要发展自己的判断能力和自主学习的能力。因此，灌输式教学不是生态课堂的追求，建构式和共建式课堂是现代课堂生态的主要形态。

2. 生态课堂构建

（1）构建教师教学。教师是教学活动的力量源泉，是教学实践的中心，是教学活动的设计者、领导者、组织者，也是教学的执行者。教学，是一种让同学认识其他事物的活动，学生作为活动参与者，教学内容作为活动中的认识对象，教师作为桥梁和媒介，将两者串联在一起。在教学过程中，特别是有着生态化语言的环境下，教师不仅要善于引导学生在学习中找到适合自己的学习方式，使之合理运用并获得新的知识，用所学解决遇到的问题，还要深化生态化语言学习，让学生真正获得实际效用。

学生作为活动的参与者，应该知道如何学会学习，而教师要做的，不仅是引导他们的学习方法和思维转向，还要引导他们形成正确且良好的人生观和价值观，更要对学生在语言学习上进行启迪、激励和引导。在学生自主学习方面，教师应该学会引导学生提出问题并能够自己解决问题、自主选择适合的学习方式、自主选择学习目标、自己能够控制和调节学习进程。总而言之，教师在英语生态教学模式中作为有机组成部分之一，有着重要作用。

第一，转变教师教学的角色意识。高校英语教学发展至今，已经不只是要达到单一地对英语基础理论知识传递的要求，还增加英语交际能力与实践能力、语言掌握能力等，对英语教师提出了更高要求。教师要转变自己的教育理念，从传统英语基础理论知识的教学

（3）词语文化内涵。在高校英语文化教学中，学生对很多词汇比较熟悉，但学生并未真正把握词汇的含义，这就导致学生的英语水平难以得到显著提升。从高校英语文化教学实际出发，教师应保持讲授的英汉词与词组的对应性，重视不同文化内涵，使学生掌握成语、格言等的文化内容，深入领会词语文化内涵，为英语文化教学的推进奠定坚实基础。

（4）词语和语篇的文化差异。词语和语篇的文化差异主要包含三种类型：①话题选择。应坚持安全性原则，如英语教材中多见有关城市和天气状况等的词语，应尽可能避免隐私话题和敏感话题。②语法选择。围绕某一话题，应确保语言和方言使用的恰当性。③话语组织。一般而言，英语语篇中的主体是直线型的，通常在段首出现主题句，之后通过平铺直叙的形式来展现文章，运用分论点逐步发展文本中心思想；而汉语语篇则不同，倾向于螺旋形主体，体现出整体性思维，其特点为委婉、含蓄和迂回。

3. 文化维度的策略

（1）重视学生主体地位，形成正确文化价值观。在全面素质教育大环境下推进高校英语教学中的文化教学，需要充分尊重学生的主体地位，调动学生的主观能动性，保证英语文化教学的层次化，激发学生的英语学习兴趣，增进师生之间的沟通，促进学生英语文化知识学习效率的提升。为促进学生正确文化价值观树立，在高校英语文化教学过程中，教师应重视学生文化认同感的培养，确保学生文化人格得以成熟化建立，对中西方文化形成正确认识。英语学习是一个循序渐进的过程，需要在深化学生对英语文化了解的基础上，加强学生对中国文化的学习，促进学生跨文化意识的养成，为本土文化修养的增强奠定坚实基础。

在高校英语文化教学中，应坚持平等、尊重和理解的原则，实现兼收并蓄，凸显教学特色，以中国文化为出发点开展语言沟通，在面对其他文化时应当保持开放和包容的心态。高校英语文化教学活动的开展，需要将素质教育特色充分展现出来，激发学生的民族自信，中西方文化均衡学习，确保学生英语运用能力的强化，提高中国文化表达的精准度，能够为学生英语学科综合素养的强化奠定坚实的基础。

（2）构建英语文化情境，促进多元文化融合。高校英语文化教学活动的开展，应立足实际，对英语文化教学氛围进行创设，确保与教学内容相符合，给学生以引导，在情境下开展高效的学习活动，促进师生之间深度沟通。在情境的推动下，学生发现问题并探寻恰当的解决方式，英语文化教学质量与效果均可得到显著提升。

为促进高校英语文化教学目标的实现，需要制定合理的教学大纲，保证文化教学的常态化。换言之，明确常规英语教学内容，将文化教学渗透其中，明确教学目标、深度、结构及方法等，凸显文化教学的重要性，在日常英语学习中渗透英语文化，在潜移默化中培养学生的文化意识，把握不同民族的文化差异并给予充分尊重。

（3）创新文化教学方法，提高教师文化教学水平。在高校英语教学过程中，文化教学的推进必须要以先进的教学手段为支持，大力提升教师的文化教学水平，在文本翻译方面对英语语法加以熟练运用，并创新文化讲解手段，打造生动有趣的英语文化课堂，对学生的英语文化学习兴趣和积极性加以充分调动，通过环环相扣的英语课堂来激发学生学习的主观能动性，巩固学习效果，为学生英语综合能力发展奠定基础。

为确保高校英语教师的文化教学水平得到显著提升，应提高教师自身文化修养，确保文化立场公正且客观，重视多元文化情境的创设，保证其价值性，尊重学生主体地位，对学生文化包容与解释能力进行有效培养。教师必须具备强烈的跨文化意识，发挥自身主动性，参与到教学研究工作中，对案例进行分析，以切实提升自身文化教学能力，保证教学方法的丰富化。

总而言之，为促进复合型人才的培养，在高校英语教学过程中应重视文化教学的推进，引导学生树立正确的文化价值观，强化学生的英语综合应用能力。

（三）高校英语教学的整合维度

1. 资源整合与共享的可行性

（1）基础保障。高校英语教学资源的整合与共享离不开资源建设、技术、人员等基础性保障。一方面，资源整合与共享的前提是先有资源，然后才能整合与共享。近年来，随着高校英语教学改革的不断深入和国家教育发展整体规划的推进，我国各大高校的英语教学资源建设取得了较大成就，无论是数量上还是质量上都得到了较大的提高并向资源平台发展。另一方面，技术保障已初步具备。随着信息化进程的不断推进和国家的大力支持，实现数字化教育资源整合与共享所依赖的技术和环境已具备。目前，各大高校已基本实现网络化和数字化，随着无线网络的大力推行，网络基本上覆盖了校园的每个角落，校校通宽带、人人可接入的局面已初步形成，为高校英语教学资源的整合与共享提供了基本条件。同时，网络技术和教育信息技术的快速发展，造就了一批业务精湛、结构合理的教育信息化师资队伍、专业队伍，为高校英语教学资源的整合与共享提供了人员保证。

（2）时代之需。随着社会的快速发展和科技水平的不断提高，社会对英语人才提出了新的要求，高等教育也必须随之改变。只有不断开展校际合作，跨学科、跨领域、跨地区地协同创新，最大限度地实现资源的整合、共享以及优势互补，才能从根本上提高高校的综合实力和竞争力，实现高等教育的可持续发展。因此，实现高校英语教学资源整合与共享是社会和时代发展的需要，是民众的呼唤、社会的需求、发展的战略。

2. 资源整合与共享的构建

（1）政府引导，统筹规划。高校间要想实现真正意义上的资源整合与共享，减少低水平资源的重复建设，最大限度地实现高校英语教学资源的整合与共享，与有关政府部门职能的积极引导和统筹规划是分不开的。有关职能部门须从制定相关政策入手，从宏观上进行调控。通过转变人们观念，制定相关政策，打破高校间各自为营的局面，建立高校教学资源整合与共享机制，促进高校间资源的协调发展。通过统筹规划，集中优势力量，优先开发、建设优质教学资源，从而减少低水平资源重复建设，实现最大范围的开放和共享。

（2）多方参与，协调发展。除有关政府机构积极引导、统筹规划外，资源整合与共享的实现还须社会各界的多方参与，共同促进校企之间以及校际之间的协作发展，不断提高信息化水平，推进信息技术与教学的深度融合。积极吸引企业参与教学资源整合与共享建设，引导产、学、研、用相结合；积极营造开放灵活的合作环境，推动校企之间、区域之间、校际之间的广泛合作。同时，加强师资队伍、专业队伍和管理队伍建设，为资源整合与共享提供保障；信息化环境下广大学生也需积极参与进来，不断提升信息化学习能力，建立以学习者为中心的教学模式。

（3）确立标准，健全机制。确立统一标准实现高校英语教学资源整合与共享势在必行，要求各种资源按照统一的标准进行创建、整合与共享，实现资源间无缝、统一、多方位的全面链接，建成一个互通有无、优势互补、资源平衡的结构体系，以发挥资源的最佳效能和整体效益，体现以人为本的服务思想。健全机制包含多个方面，其中的评价机制和激励机制尤为重要。资源是否优质，能否为广大师生和学习者服务应交给使用者来判断。资源建设应与时俱进，不断更新，最终实现生态化、可持续的发展。科学的评价机制不仅能更好地促进优质资源建设，促进其健康发展，而且通过建立配套的激励机制，也能鼓励和刺激优质教学资源的可持续发展和新资源的再生。与此同时，还应加强基础设施建设，规范网络与信息安全管理，构建安全、文明、绿色的信息化资源整合与共享体系。

第三节　大数据技术与高校英语精准教学的反思

一、大数据技术的概念

大数据（Big Data），也称为巨量资料。随着互联网、人工智能、物联网技术的不断发展，人类社会积累的数据每天都以惊人的速度在增长。大数据概念出现以后，发展极为迅速，现在大数据已经不仅仅是指存储的巨量数据资料，更重要的是指对这些巨量数据资料的高速处理，并精准挖掘巨量数据资料所隐藏的大量有价值的信息。

"大数据与教育的深度融合，使教育教学中庞杂的巨量数据处理成为可能，使精准教学理念的应用具备了技术条件。"① 但如何真正找到大数据在精准教学中的具体应用路径，充分发挥大数据的技术优势，助推精准教学，提升教学效果，是摆在教育信息化工作者面前的一个亟待解决的课题。

（一）积累学生学情数据

确定教学目标是教学活动的出发点，只有全面准确地了解学情才能产生精准而有效的教学目标。传统英语教学中教学目标的确定，依靠英语教师的教学经验和自我感觉来对当前学生学情进行把握，很难做到精准。在大数据环境下，英语教师的经验和感觉退居次要地位，学情分析的主要基础变成了数据。学情数据的获得可以从以下方面入手：

1. 利用大数据教学系统

目前国内应用较多的大数据教学系统有极课系统、智学网等，可以利用这些大数据教学系统快速对学生的平时作业进行扫描，在线批阅，大数据系统后台会在短时间内整理批阅结果，给出相应的学情分析，并作为学情数据保存在数据库中。周测月考等考试检测也通过大数据教学系统进行，相关数据也会作为学情数据保存下来。英语教师可以非常容易地在大数据平台调出这些长期学情数据，做到对学生的整体学情心中有数。通过与平行班级的数据比较，清楚所教班级的英语学习能力水平和知识基础。制定教学目标的难度水平时，要依据学生的学习能力水平和知识基础进行精准确定，为学生提供有一定难度的教学内容，激发学生的潜能以开展精准有效的英语教学。

2. 建设往届学情数据库

基于教师选择的教案编写是一种对学生盲目的猜测，只有基于学生学情分析的教案编写才能最符合学生的实际情况。但教案的编写先于教学活动而展开，在编写教案时本届学生并没有发生对这一部分教学内容的学习活动，学情数据也就无从获得。通过建设往届学情数据库，了解过去几年学生在这一教学内容上的学情数据，对于学生易出问题的地方，在编写教案时给予重点关注，提高教案编写的精准性。实际上从技术层面而言这是非常容易实现的一个功能，目前的大数据教学系统都没有在这方面给予足够的关注，一届学生毕业后，相应的数据在操作界面上就不能再进行查阅。因此，在大数据教学系统中增加往届学生学情数据库，为下一届学生的教案编写提供参考显得尤为必要。

---

①徐学敏. 大数据技术在大学英语精准教学中的实践路径研究［J］. 广东轻工职业技术学院学报，2021，20（3）：70.

3. 在线布置课前测试

课前测试试题内容的设计要包括两部分内容,第一部分测试题测试本节新课所要用到的相关旧知识,通过这些测试更精准地了解学生的前知识基础和能力基础,第二部分测试题测试新知识中的主干内容,通过这些测试精准了解学生通过预习,对这些重要的新知识所能达到的理解水平和思维状态。对于不具备在线学习条件的学校,可以将预习作业设置成选择题,便于课前快速通过扫描获取学生的即时学情数据。通过大数据教学系统对本班学生的长期学情、往届学生学情、即时学情进行综合分析,帮助教师精准地确定教学目标。

(二) 引入即时反馈系统

课堂是教学活动的主要环节,学生在课堂中的主体地位越来越得到广泛的认可,教师越来越注意在教学过程中保持与学生的高度互动。反馈的及时全面是教学互动效果的保障,没有及时全面反馈就不会生成真实有效的互动。但是课堂上只有一位教师和几十位学生,大多数时间教师与学生的互动,仅仅限于与班里某一位或几位学生的互动,这时其他的学生处于被动听的状态,这样的互动并不能算是高效互动课堂。可以将即时互动反馈系统引入大数据教学系统。即时互动反馈系统,是基于互动学习理论而设计的一种支持学生在课堂上通过手持电子设备来回答问题的课堂教学反馈系统。课堂上教师提出问题后,班内学生通过配备的手持电子设备提交自己的答案,数据接收和处理设备对接收到的所有学生答案进行统计处理,在显示屏上给出统计结果,提供教学反馈。

1. 调动学生积极性

由于班内学生每人都有一个手持设备可以用来回答问题,课堂上教师的每一个问题,每个学生都能够公平地享有回答的机会,而不是只有被老师点到名字才能回答,使每一个学生真正地参与课堂互动成为可能。由于全员参与,反馈数据全面,能够更加精准地反映学生整体的掌握情况。有些是学生普遍存在的问题,可以通过反馈系统查看能够正确解决这些问题的学生名单,请他们来分享思维过程和解决方法,由于彼此之间知识坡度小,效果往往要好于教师的讲解,这样的生生互动既自然真实,又具有针对性。传统课堂组织形式,学生的参与度不够,课堂气氛沉闷,学生容易走神开小差。

2. 教师搜集反馈数据

课堂教学内容可以分为预设性内容和生成性内容。每一节课都会有预设的教学目标,为了达到预设教学目标就会有预设的教学内容、教学流程、课堂活动方案等。这些预设性内容是很重要的,如果没有预设性内容,课堂活动就会在无计划和无序中进行,因此,课堂预设内容是教师在备课中一定要完成的。但是完全预设的课堂是假课堂,是老师与学生表演的课堂，真实的学习过程不会发生。只有预设性与生成性共存的课堂才是真实的课堂，才能发生有效的学习。但实际教学中，情况仍不容乐观。原因主要还是由于教师无法及时获取学生的学习反馈，也不能因为一个学生的回答错误而去调整教学活动。即时互动反馈系统引入课堂可以很好地解决这个问题，在预设基础上，随着教学活动的进行，英语教师可以通过即时互动反馈系统，设置针对教学环节的小问题进行课堂互动，通过互动快速地获知班内整体上对某个问题的认知程度，决定是要按预设进行，还是要更新或转换教学内容。

3. 记录学生学习过程

即时互动反馈系统中，课堂上学生主动答题的次数、答题正确的次数、参与生生互动的次数、所答的题目对应的知识点等数据，都通过大数据教学系统平台保存在学生学习轨迹数据库中，以记录学生在课堂上的学习过程，也从一定程度上对学生学习过程进行评价。对于积极参与课堂互动的学生应给予表扬，以充分调动学生参与课堂互动的积极性，对于长期不参加课堂互动的学生，教师也应该分析具体原因，对学生参与课堂互动给予适当的指导。

（三）分析教学知识盲点

我们现在的课后作业，一个班所有学生的作业基本上都一样，这肯定不能符合每一个学生的真实需求。有的学生在课堂上学习效果好，他就不需要那么多作业；有的学生对某个知识点理解得不深，留的作业中针对这个薄弱知识点的题目可能还不够；有的学生学习能力很强，统一布置的作业对他而言可能会太过简单，他需要的是难度相对较高一点的题目。针对这个问题，可以通过将即时互动反馈系统反馈的数据接入大数据教学系统，由系统分析课堂上学生的答题情况，包括每个学生课堂上所答错题目对应的知识点、解答每一道题所用的时间等，分析出每个学生的知识盲点和尚待加强的薄弱知识点，并作为数据库资源保存在大数据教学系统平台。借助这个系统，可以给学生推送个性化课后作业，做到精题精练，在需要训练的地方有针对性地展开训练，巩固知识点，提高学习效果，减少学生不必要的练习，有效降低学生的学业负担。

（四）精准命题分析考试

1. 精准命制试题

命制试题是一项需要周密谋划而又非常具有创造性的工作，命题质量的高低是一次考试成败的关键。试题的命制既要依据课程要求，又得针对学生的学习状况，做到难易适中、有区分度、题目坡度合理等。如果教师对学生的情况不能做到全面了解，所命制的试题往往就没有针对性，或者在最应该命题考查的地方没有着力，或者过难或者过易，或者没有区分度，导致简单的几乎所有学生都对，难的几乎所有学生都错。命题组教师可以调取数据库中全部学生的学习轨迹数据，包括课堂学习反馈数据、平时作业情况统计数据及以往测试的统计数据，通过平台的分析报告获知学生整体上有哪些比较薄弱的知识点、哪些方面能力比较欠缺、目前的解题水平有多高等信息，有了这些数据，命题就能够做到精准。

2. 精准分析试卷

一套试卷如同教师与学生沟通的一架桥梁，教师通过对学生的答题情况进行研究分析，对学生的学习情况加以把握，同时也应反思自己在教学中存在的问题，在后续教学过程中加以修正。对试卷的精准讲评，建立在对班内学生考情的精准把握上，但对考情数据的分析会占用教师非常多的时间和精力。最好的试卷讲评时间是在考完的第二天，如果教师考情分析用时太长，再进行试卷讲评就会丧失时效性。大数据教学系统强大的数据统计能力能够很好地解决这个问题。目前常见的大数据教学系统基本上都是不改变学生的考试环境的情况下，考完后先对学生的答题卡进行扫描获取数据，包括选择题和主观题全部上传至系统平台。

阅卷结束后，所有考试数据就都由系统来给出，速度非常快，考情数据分析也非常全面和详细。通过大数据系统可以直接获得班级平均分、最高分、最低分、分数段统计、及格率、优秀率、低分率、进步较大学生的名单、退步较大的学生名单等等数据。通过这些数据，教师可以对班级考情进行整体把握，与平行班级相比是高是低，与前次考试相比是进是退，如果出现相对平行班级落后较大，或出现较大退步，就要分析教学或者管理上存在的问题。如果低分段的人数太多说明学困生多，应该注意后进生的管理，在教学上给予他们适当关注和倾斜，等等。

根据大数据教学系统统计的每道试题的答题数据，教师可以对学生失分的具体原因进行分析，是基础知识掌握不扎实、基本解题方法不会使用，还是解题技巧欠缺，在试卷讲评过程中对这些问题加以重点关注。从大数据教学系统平台能够查阅做对和做错学生的名单，查阅某一选项都有哪些学生选择了，这样教师就能够采取具有针对性的教学策略，对试卷进行精准讲评，切实解决学生考试中出现的问题，适当关注出现问题的学生，让考试起到查漏补缺、以考促学的作用。

（五）引入学困预警系统

学困生不是一朝一夕形成的，如果在学困生尚未形成之前，学校和教师及时采取措施进行预防，就可以大量减少学困生。对全体学生的学习情况进行全方位监测，在以前几乎是不能完成的，现在大数据技术为学困预警提供了技术支持。将学困预警系统引入大数据教学系统，可以实现预防学困、减少学困。应从学生入学数据、课堂学习数据、课外学习数据、测试数据四个方面对学生展开监测。学生入学数据主要包括入学时的英语成绩和在全校中的排名、在上一学段中档案记录的期中期末成绩、身体状况、家庭综合状况等，这些数据可以从本校或者上级招生部门系统中获得。

课堂学习数据主要包括课前预习测试、课堂参与互动情况、课堂测试、课堂纪律状况等。课外学习数据主要包括课后作业完成情况、宿舍违纪情况、图书馆借阅记录等。测试数据主要包括历次考试成绩及排名、历次考试成绩进退情况等。对数据进行动态监测，对于各项数据设置相应的波动阈值，当某个学生有一定数目的相关数据或者某关键项数据，其负向波动超过阈值时，大数据教学系统就会发出该生的警报提示，并给出警报数据。根据警报数据，学校和教师应及早地采取应对措施，对该生进行预警和帮扶，尽量避免学困生的产生。

二、大数据技术在高校英语精准教学的反思应用

开展大数据技术辅助英语教学，要大力提升英语教师的数据素养。英语教师作为大数据技术的直接使用者，只有具备良好的数据素养，才能对英语教学工作中产生的大量数据进行深度挖掘和充分使用，才能更好地进行精准的教学设计和精准的教学活动，帮助和指导学生解决学习中遇到的各种问题，充分发挥大数据技术的巨大作用。在使用大数据技术过程中，一定要防止"唯数据主义"的错误倾向。"唯数据主义"过度推崇大数据技术在英语教学中的作用，甚至认为数据是万能的，从而遮蔽了数据本身存在的一些桎梏，如片面性、欺骗性和依赖性。教育教学的对象是活生生的人，各种技术都只是教学的辅助手段。英语教师一定要多和学生进行情感交流，了解他们的喜怒哀乐，走进他们的内心，在此基础之上，包括大数据在内的各种技术手段才能更好地发挥作用，提升教育教学效果。

第二章

大数据技术在高校英语有效教学中的应用

第一节　高校英语有效教学的核心体系解读

一、高校英语有效教学及其相关理论

"有效教学特指教师通过教学过程的规律性，成功引起、维持和促进学生的学习，相对有效地达到预期教学结果的教学。"[1] 有效主要是指通过教师在一段时间的教学之后，学生所获得的具体的进步或发展。换言之，学生有无进步或发展是教学有没有效益的唯一指标。有效教学的主要特征表现为正确的教学目标和高效的学习效果。鉴于有效教学是教师通过教学过程的合规律性，成功引起、维持和促进学生的学习，相对有效地达到了预期教学效果的教学，是符合教学规律、有效果、有效益、有效率的教学，有效教学的主要特征应是最符合有效教学的这一含义，最有助于有效教学目标实现的特征，它是通过教师的具体教学行为来体现的。

有效教学是能够有效地促进学生的学习和发展，促进教师的成长和提升，有效地实现预期教学效果的教学活动。针对职业教育的特殊性，有效的高校英语教学是以最少的教学投入，促进学生的英语学习与进步，实现预期英语教学目标，所传授的知识对学生未来的就业或创业有用处，并使得学生在情感态度、文化知识、学习能力、专业素养等方面得到和谐发展。

多模态话语分析理论的产生主要有两个原因：①话语分析理论是发展到一个历史阶段的必然产物。随着话语分析理论的深入发展并在实践领域得到广泛使用，越来越多的人意识到单纯地分析语言及其意义已经不能完整地理解语篇的整体意义。多种模态，如手势、画面、录音、表情等都能体现一定的意义并相互合作，共同作用，同时体现语篇的意义。

---

[1] 宋君. 高校英语有效教学的研究 [D]. 咸阳：西北农林科技大学，2012：7.

②科技发展的必然结果。多媒体和网络技术的迅速发展并广泛应用于人们日常生活和工作中，促使人类在交际过程中，无论是书面语还是口语，都需要听觉、视觉、触觉等感官并用，人类话语越来越多模态化。各种模态体现语篇意义的方式不同，体现的意义各有差异，作用也不尽相同，而且模态之间的相互关系错综复杂，多模态语篇的结构与解构需要新的理论指导。在这种背景下，多模态话语分析理论应运而生并取得了巨大发展。

二、高校英语有效教学的基本目标

"英语教学的有效性，实质上就是要求教师对传统的课堂教学模式进行改革，革除弊端，与时俱进，从教学思维到教学模式，从教学过程到评价机制，对传统的做法加以合理的扬弃、发展和创新，从而提升英语课堂教学的有效性。"①

高校英语教学目标是英语教学活动的基本出发点，因为教学目标的内涵直接关系着教学内容、教学方法、教学评价以及教材的设计，不仅是高校英语教学的起点，更是高校英语教学的最终归宿和评价依据。作为教学设计中的重要一环，明确而清晰的课堂教学目标是对学生课堂学习结果的预期，也是贯彻以学生为主体的高校英语有效教学模式的主要方式之一。因此，树立明确的高校英语教学目标是高校英语教学得以有效开展的保证和首要环节。

一般而言，任务说明、条件说明和标准说明是教学目标所必须包含的三个方面。任务说明是学习者学会的内容，条件说明是指完成这些教学任务所需要的条件，标准说明是指顺利完成任务和合格行为的标准。此处可以用行为目标来陈述教学目标：①陈述学习者在教学后认知、情感和动作技能等方面的学习结果；②合适的教学方法和完善的教学条件才能促进教学目标的实现；③教学目标是可以观察、可以测量的。因此，教学目标可以对教学活动和教学内容的构思起到一定的指导作用，也可以为教学评估提供相应标准和依据。高校英语有效教学目标体系的建构需要从以下方面分析：

（一）适应社会发展需求

社会的发展离不开人才，在信息日新月异的今天，更需要具有较强英语综合应用能力的高校毕业生。英语阅读与写作能力固然是重要的，但是社会对听说能力的需求更是与日俱增。如果制定新的高校学生英语能力培养标准，那必然以听、说、读、写全面发展为目标，因此，为适应社会的发展和要求，高校英语的教学目标应该从培养学生的综合运用能力出发。同时，培养学生的自主学习能力，优化学习策略以及跨文化意识等也应加入教学目标的行列中，理应成为目标体系中的重要组成部分。

---

①潘瑞峰．高校英语课堂教学的有效性研究［J］．科技致富向导，2012（6）：61．

(二) 具有现实性与可行性

教学目标是教师对于学生知识、能力和情感要求的一种期待。在教学目标的制定过程中，应当采取长期目标和短期目标相结合的方式：①对于学习者英语学习所达到最终成就的描述称为长期目标；②让学习者对于感知到他们的进步成就感，增强自信心，体现目标的可行性称为短期目标。学生能不能接受当前的教学要求，能否适应当前教学的教学进度，是否清楚哪些阶段应到达怎样的水平，这些都是在建构教学目标体系的时候必须要考虑的问题。

(三) 注重学生的多元发展

关于高校英语课程教学要求，一般包含三个方面：一般要求、较高要求和更高要求。这三个要求涵盖了英语语言知识、英语应用技能、英语学习策略以及跨文化交际等方面的内容，直观地体现了英语教学的指导思想，即强调培养学生的听说能力、读写译等综合应用能力和专业英语技能；并规定不同的学校根据学校实际情况，来确定自己学校的英语教学目标，可以是其中的某一个，也可以是三者并存，最重要的就是适合自己学校。一门英语课程，课时长短、教学要求、难易程度等各个学校都可以不同，这样就使得英语教学向多样化和个性化的方向发展。各个学校应当参照自己学生的英语水平和教学条件以及本校的实际情况，按照相关要求，选择合适的教学材料和方法，并设计出有效的英语课程体系。对不同专业的学生英语学习的要求和目标也是可以不同的，要确保不同层次的学生在英语应用能力方面都能得到充分的训练和提高，满足各类学生英语学习的各种需求，实现教学的有效性。

三、高校英语有效教学的基本特征

(一) 教学目标合理

适宜的教学目标可以为教师开展有效教学提供指导。制定目标要符合学生的实际情况及满足社会的需求，即基于学生目前的英语基础，让学生通过高校英语的学习可以达到怎样的水平，掌握怎样的技能。如果这个目标定得太高，学生通过努力也无法达到，这样的英语教学就不能称之为有效教学。高校英语教育的培养目标是为生产一线培养应用型人才，如生产技术员、设备操作员、现场管理员等。学生通过高校英语的学习，能够掌握将来在工作中涉外交际所需要的英语语言知识与应用技能，如能够看懂先进设备、器械操作的说明，书写简单信函、通知、备忘、合同，能进行简单的口头交流等。

（二）教学内容适宜

一方面，教学内容要有实用性，其内容必须是高校学生在今后的工作中所需要的内容，如听说方面的内容包括问候、感谢、道歉等，写作方面包括简单的信函、传真、合同、简历等。另一方面，教学内容要体现交际性。内容围绕现实生活中丰富有趣的话题，通过情境的创设，培养学生的语言交际能力。此外，教学内容还要体现知识性。高校学生对英语的一些社会背景、民俗文化等了解得并不多，英语教材通过提供相关的知识，让学生对世界的认知能力得到进一步的发展，激发学生学习的兴趣与热情，提高学生的综合文化素养，以适应将来工作生活的需要。

（三）教学方法适合

高校英语教学要以培养学生实际运用语言的能力为目标，突出教学内容的实用性与针对性，即以应用为主。因此，教师要根据这一教学目标及学生的实际情况，采用适宜的教学方法，调动学生的积极性，有效地完成教学任务。以具体的交际环境及任务的指引来培养学生正确使用语言能力的情境教学法、任务型教学法，则是达到高校英语教学目标的主要教学方法。

四、高校英语有效教学的具体要求

第一，符合高校英语教学规律。高校英语教学应把语言学习与职业技能培养进行有机整合，在教学过程中体现职业性与应用性，提高学生的英语交际能力与综合职业素质，从而提高学生就业能力。因此，在高校英语教学中，教师只有结合这些规律，才能制定切实可行的教学目标和计划，科学运用教学方法、手段及策略，提高教学效率，从而取得相应的教学效果，实现学生全面持续的进步与发展，实现教学的效益。

第二，强调高校英语教学效果。高校英语的教学效果就是英语教学活动的结果，即学生所获得的实际进步与发展。经过一段时间的学习后，学生的英语基础知识、听说读写技能、学习方法、学习兴趣以及英语文化意识等比之前有了较大的提高或发展。学生有无进步和发展是衡量教学有没有效果的唯一指标。只有关注教学效果，关注学生通过学习以后哪些方面取得了进步，才能促进英语的有效教学。

五、高校英语有效教学的主要环节

（一）课前导入环节

导入是英语教学的第一个环节，一般而言，一堂课有三个环节：导入、正课和总结。教师在导入阶段就要以教学的艺术魅力激起全体学生的兴趣，为下一步教学的顺利展开奠定良好的基础。就高校英语教学而言，无论是词汇教学、语音教学、语法教学，还是篇章分析教学，都应该力求在导入环节引起学生的注意力，激发学生对英语学习的兴趣。

（二）课堂讲解环节

1. 课堂讲解的语篇分析

语篇分析是指以语篇为基本单位，从语篇的整体出发，对文章进行分析、理解和评价，包括语篇的主题分析、结构分析以及文体分析。

在高校英语教学课堂讲解环节中，要突出语篇教学。句子水平上的教学只能培养语言能力，要培养交际能力，必须把教学水平提高到语篇水平。语篇分析对于学生了解文章内容、作者写作方法以及以英语为母语时的思维习惯很有帮助。语篇分析广泛应用于英语专业的语言教学，但在高校英语教学中未受到足够的重视。高校英语教学要重视语篇分析，才能让学生准确地把握一篇文章的脉络和主旨。语篇分析在一定程度上可以促进非英语专业学生英语写作能力、听说能力的提高，能够激发他们阅读各种题材英语文章的兴趣。

2. 课堂讲解的提问技巧

在课堂教学中，教师们已经习惯运用启发式教学方法，即提问，提问已经成为课堂教学中必不可少的一部分。学生的学习过程实际上是一个不断提出问题和解决问题的过程。课堂提问有设问、追问、互问、直问和反问五种类型。教师在提问时，要注意问题的科学性，要有助于学生思维的发展，要遵循阶梯性原则（问题由浅入深、由简到繁）、量力性原则（面对不同水平的学生提出不同深度的问题）、整体性原则（围绕课文中心，提出相辅相成、配套贯通的问题）、精要性原则（提问要精减数量，直入重点）、学生主体性原则（引导、鼓励、欢迎学生善于发现和提出问题，发表创新见解）、趣味性原则（提问要有情趣、意味和吸引力，使学生在愉悦中接受教学）、启发性原则（学生回答机会均等，防止偏向）、激励性原则（说一些赞扬的话，加以鼓励）。

（三）学生活动环节

在课堂活动环节中，教师不再是传统意义上的"知识传播者"，而是学习的帮助者。

在课堂活动环节中，学生应是核心。但教师的作用仍然很重要，在知识上、心理上帮助和支持学生，观察和分析学生的活动，了解和分析每个学生的长处和短处，发现教学中的不足并加以弥补等。交际性的课堂教学活动要比传统的教学活动更为有效，当然对教师的要求也更高，要求教师必须具备很强的观察能力、分析能力、对教学内容的临时整合能力和对课堂教学的组织能力。

小组互动是英语教学课堂操练活动中的常见形式之一，也是有效教学模式的主要表现形式，它要求教师充分调动学生的积极性，有效地组织起以学生为中心的生动活泼的课堂活动，并从中发现问题，及时加以帮助和引导。高校英语作为一门实践课程，需要学生通过个人的实践来培养学习兴趣，提高其语言技能。小组互动恰恰为这一实践要求提供了充分的机会。小组互动这一小范围的语言实践活动，能使学生消除在语言操练中可能产生的紧张和焦虑心态，使他们能更积极有效地进行学习。小组互动经常会以完成某种任务的形式来进行。在这一过程中，学生之间处于互动的状态，通过意义共建增进语言习得。一些对小组互动的作用和效果的实证研究表明，以任务为依托、以小组互动为载体的教学活动增加了学生参与语言实践的机会和时间，而小组的组织形式和放松的气氛有效地调动了学生参与的主动性，确立了以学生为主体的课堂有效教学模式。

六、高校英语有效教学的内容选择

高校英语教学内容组织是一个复杂的系统，有效教学内容必须是一个整体概念，既能充分发挥各个不同层次的作用又能充分调动教师、学生两方面的积极性。"在教学内容的选择上，应该尽量选择跟实际交际更为接近的内容、与职业相关的内容，让学生能够学有所得，学有所用。"① 高校英语有效教学内容选择的原则包括以下方面：

第一，反馈性原则。教学工作，无论是就其纵向的各种序列、层次而言，或是横向的各个单位、教研室以及它们之间的关系复杂情况而言，显然需要做到信息传递迅速、信息沟通合理、信息及时反馈。在此基础之上，才能实施教学内容的有效组织，从而达到预期效果。

第二，灵活性原则。高校英语有效教学内容的组织要具有灵活性，内容包括两个方面：①教学内容方法要灵活。语言知识主要是语言的语法和文法，语言技能主要是在语言实际运用上。不同的学习内容方法，其特点也不同，对于学习的主体，学生的状况也不同，教师要结合学生及其自身特点，改善课堂的教学情况，激发学生的兴趣，用兴趣引导学生学习，从而激发学生的学习热情。②语言内容的使用要具有灵活性。语言的本质是交

---

①韩宪武．新时期高校高专英语有效教学策略初探［J］．湖北科技学院学报，2013，33（3）：102．

际工具。英语作为运用广泛的语言，要达到生活化，需要在日常生活中多用英语表达，英语作为活的语言，教师可以在课堂上用英语授课，以此达到灵活运用的目的。

第三，阶段性原则。阶段性原则要求英语有效教学内容组织工作既要重视全过程的管理，又要做好分阶段的管理，明确全过程的管理目标，加强对全过程的管理工作，以推动各个阶段工作朝着整体的目标前进。各个阶段的工作做好了，才能使整体目标的实施得到保证。过程由阶段组成，因而贯彻阶段性意义对于教学内容的组织意义重大。

第四，层进性原则。英语有效教学内容组织需要具有层进性原则，在设计教学活动时必须依据合理的、循序渐进的过程，切忌一次性推进，要有过程。过程是从感性到理性，从认知到思考，从思考到质疑，再从质疑到探索发现。只有将这一观点作为基础性原则，才能制订有效的教学方案。在教学过程中，教师也要遵循层进性原则，将学生已有的知识和生活经验，与学生自身所学的内容相联系，从两个方面构建框架：①教师应该做到使每一个教学环节都循序渐进，不仅要承担这一环节的教学责任，还要准备下一环节的衔接，从而起到承上启下的过渡作用；②思考和策划每一个环节，明确目标，才能更好地向目标迈进。

总而言之，上述原则以知识的纵向延伸、横向整合和逻辑顺序以及学生的发展顺序为出发点，是教学内容组织可以信赖和依靠的基本原则，它可以适用于所有学科教学内容的组织，因此，高校英语有效教学内容的组织，也应按照以上四大基本原则来进行组织。

第二节　高校英语有效教学的方法与具体实施

一、高校英语有效教学的方法

在高校英语教学实践中，教师应该想办法实现英语的有效教学，这样才能更好地实现高校英语教学的目标，培养出既具有专业技术能力，又具有实际使用语言进行交流和处理外企业务能力的应用型的技术人才。

（一）英语基础知识的有效教学方法

1. *词汇教学的有效方法*

（1）利用语料库开展词汇教学。

第一，使学生在语境中掌握词汇具体用法。与语境相关的实例在英语语料库中有很多。在具体语境中进行英语词汇的学习会使学生的词汇学习更简单、容易。学生通过在语料库的语境相关学习中,可以了解到词汇的使用频率、使用方法,了解高频率词语的各种具体使用方法和语言现象,而且学生在具体语境中注意力也会更加容易集中,可以对相应的词汇运用规律进行归纳总结。

第二,对近义词以及同义词进行检索。通过在语料库检索同义词、近义词,可以帮助学生更好地理解同义词、近义词,然后总结出相应的规律进行实际运用。

第三,在检索过程中了解不同词汇搭配。词汇搭配的正确习得可以极大地提高学习者的语言水平,具体表现为输出更准确、更流利、更得体、更高效、更深刻。通过语料库的使用,学生可以将学习中习得的词汇搭配与语料库中的词语搭配相比较,从而更新自己的英语学习认知,更好地进行词汇学习。

第四,进行词汇的复习与巩固。除了使学生在语境中掌握词汇具体用法、对近义词以及同义词进行检索、在检索过程中了解不同词汇搭配外,英语语料库在词汇教学中还可以对学生进行词汇的巩固。巩固的方式有很多,这里以练习为例说明。语料库中检索出的内容可以作为练习,练习题的方式多种多样,如判断题、选择题、填空题等。教师隐藏语料库中检索出的部分内容,让学生将正确答案填到隐藏的部分。语料库资源的丰富性使教师能够根据学生的学习阶段和学习情况进行习题的选择。

学生也可以自主地应用语料库对学习过的一些知识进行巩固,同时,拓展已知词汇的课外内容。语料库内容的丰富性使学生可以根据自身的学习进行针对性的练习。此外,由于语料库内词汇的应用范围远远大于教材,所以学生可以更好地理解词汇在实际中的使用。使用语料库能在促进学生英语水平提升的同时,提升学生的信息技术素养,实现全面发展。

(2)讲授词汇记忆的不同方法。对于词汇的掌握和使用而言,词汇量的增长非常重要,词汇量的增长很大程度上是要靠记忆来实现的。记忆词汇的方法可以包括以下方面:

第一,按题材归类。英语交际中的话题很多,可以对某一话题的有关词汇进行归类,让学生形成系统的词汇学习方法,对某一题材的词汇有系统的认识和记忆,这样记忆更加系统、有效。

第二,归类记忆。按照词根、词缀归类。词汇的记忆异常枯燥,且没有捷径。通过一些方法可以有效提升记忆的效率,如通过词根、前缀和后缀的记忆来扩大词汇量,降低词汇记忆的枯燥感。

第三,联想记忆。联想记忆法是词汇学习中的一种重要方法,以某一词汇为中心,然后发散思维,联想出与这个词汇有关的词汇。联想记忆法不仅可以提升词汇量,还能提高记忆的效率,同时还可以培养发散思维的能力。

2. 语音教学的有效方法

（1）听音模仿方法。高校英语教学中，语音系统学习的主要方式是听和模仿，教师的发音是学生语音学习的重要标准，所以需要教师不断地规范自己的英语发音。教师在进行语音教学时，让学生在听清、听懂的基础上观察教师的口型，模仿教师的发音口型和方法进行练习。此外，教师再对发音的要领进行讲解，促进学生更好地进行语音学习。学生掌握发音的方法后需要经过反复的练习来巩固。除了基础的发音练习外，高校英语教师可以制作国外原声的发音视频供学生进行听音练习，同时教师也可以根据学生实际演练中出现的发声问题进行指导。在听音模仿中，不只有单音模仿，重音模仿、语速模仿、情境模仿、情感模仿和节奏模仿同样重要。

（2）拼读训练方法。高校英语教学的拼读训练可以提升学生的发音认识和能力，要求学生掌握和读出单词中字母的发音。教师进行拼读教学时应该先易后难，先让学生从熟悉的内容开始学起，如元音字母、元音音素和单音节词；然后到双音节词、多音节词，在这里教师需要让学生注意重音的问题。经过长久的拼读训练后，学生才能够依据音标正确发音。

（3）对比训练方法。高校英语教师在进行英语语音教学时，可以采用对比训练的策略让学生对于语音学习有更好的理解。在学习英语时，汉语的语言习惯有时会运用到英语中，这是一种坏习惯，是一种负迁移。学生发音的训练也可以运用英语发音中的最小对立体。一般而言，把只有一个音位不同且意义有差异的单词叫作最小对立体。运用最小对立体的方法能够帮助学生牢记语音和语义，同时也有利于提升学生的听力和阅读能力。

3. 口语教学的有效方法

（1）注重网络测试与实施人机对话训练。在"互联网+"背景下，教师可以提供相应的技术让学生对自身的口语水平进行客观的评价，然后可以借助信息技术进行人机对话训练。现代信息技术的应用弥补了这一点。通过信息技术，教师可以让学生更多地练习课外的材料，展开自主学习。

（2）注重过程评价与教师科研相结合。在高校中，一些科研就是为了教学而服务的，科研的成功意味着教学效果的提升，为教学提供更好的指导，教学与科研息息相关。教师在教学中依据发现的问题、评价结果和工作日志来改进教学方法，教师的教学效果得到了改善，教师的科研能力得到了加强。

4. 听力教学的有效方法

（1）听英语通知。在公共场所人们能够听到很多的通知，通知在日常生活中扮演着重要的角色。在高校英语教学中，教师通过收集英语通知的教学资源，让学生体会实际生活中的英语应用，可以有效提升学生英语听力学习水平。

（2）听英文影视作品。教师可以选取一些先进的影视作品作为听力教学的材料，尽量选用不包含中文字幕的影视作品，这样才能通过听觉的刺激和视觉的侧面影响，培养学生的听力能力。

5. 阅读教学的有效方法

教师可以通过信息技术建立网络阅读资源库和网络阅读平台，在网络阅读资源库中，教师不仅可以将阅读教学中的重难点上传，还可以上传一些课外阅读材料供学生阅读，提升阅读能力。教师通过信息技术建立的网络阅读平台可供学生在线参与其中，学生之间可以交流经验，教师也参与其中，在学生遇到难点时提供指导。

为提升学生的阅读兴趣，课外阅读材料的引进十分必要，同时，还有利于学生掌握阅读方法和技巧。要想让学生真正地做到"愿意学，有所学"，教师需要为学生采取多样的方式创设灵活多变的内容，其中，吸引学生阅读兴趣的前提是阅读材料不能脱离学生所处的环境，而且要有相当的实用性。此外，校园价值和生活价值也需要在英语阅读教学中体现出来。教师可以通过在线学习平台培养学生素养，也可以在阅读材料中加入专业英语和学术英语来对英语阅读教学进行优化。

高校英语教师可以根据所教的专业从权威英文报刊摘取适合的文章，供学生阅读。英语阅读中的词汇非常重要，教师让学生广泛阅读文献资料的词汇目标，是使学生认识并收集出现频率较多的构成较高比例行文文字、各个学科的学术性书面文字中在篇章的结构或修辞等方面起重要作用的学术词汇。教师可以向学生展示下定义、举例说明、描述、解释、对照等专业阅读中的主要语言功能来实现对教学素材的深度分析。进行阅读教学时的翻译层面的目标是使学生能够翻译学术文章的摘要，同时，还要能够翻译与所学专业有关的短篇的学术报道和科普文章。进行阅读教学时的写作层面的目标是使学生有质疑读过文章中的一些作者的观点，同时，初步具备撰写本专业相关的科普文章和学术报道的能力。

教师在设计阅读教学内容时，为提升学生对于语言的兴趣度和敏感度，可以将一些时事、名人名言等融入教学视频之中。教师在设计在线作业时，应该加入一些多样化的作业方式，如闯关答题和字谜题。同时，学生可以将自己阅读学习的视频录制好后传到教学平台，供师生、生生之间互动。

6. 写作教学的有效方法

（1）延续性教学方法。延续性教学法将写作教学分为若干个阶段，这些阶段在写作教学中的功能和作用都是不一样的，但是具有完整的写作要素的文章在将这些阶段进行联结后就会形成，而且质量良好。延续性教学法有一个弊端，就是不适用于所有的写作教学内容，其中的重要原因是学生不可能将学习时间大量地投入到细节之中，而且学生的学习任务较重，但时间和精力都是有限的。教师在采用延续性教学法时需要注意这一点。

（2）平行写作教学方法。平行写作教学法适宜在学生还未进行写作时采取的写作教学方法，指的是教师针对某一主题、方向为学生提供一篇主题明确的范文。学生基于这篇范文来决定写作的方向，从而进行写作练习。平行写作教学法可以加快学生的写作速度，同时，也可以保证学生写作方向的正确性。

（3）网络辅助写作教学方法。步入信息化时代后，计算机技术和信息技术在生活中的应用越来越广泛，教育领域也不例外，为网络辅助写作教学法提供了产生的基础，为解决写作教学中的一些问题给出了方案。网络教学相比传统教学不受时间和空间的限制，在网络的帮助下，学生和教师可以随心所欲地进行教学活动。

网络辅助写作教学法是从学生的角度出发，充分发挥学生的主观能动性，教师在网络辅助写作教学法中需要扮演好指导者和监督者的角色。网络辅助写作教学法的具体步骤是教师先要为学生布置下写作学习的任务，学生需要主动地在网络上寻找资料、分析资料，将其应用在自身的学习中，让网络上的资料为己所用。

（二）英语文化知识的有效教学方法

第一，对比分析法。对比分析法对于在文化教学中学生区分交际文化和知识文化因素有着重要的作用，同时可以加深学生对于本国文化的理解。通过对比分析英语与汉语，能对比分析表层的语言结构形式的同时，对比语言内涵，这也就是对比分析法的教学效果。

第二，文化包教学方法。一般而言，可以把将教学内容和讨论形式结合后进行的教学叫作文化包教学方法。作为提升应用英语文化知识的一种重要方法，文化包教学方法同时有助于学生理解本国文化。教师在运用文化包教学方法进行教学时，通常要在文化包内准备一份与国外文化相关的资料，基于这份资料，学生进行自主学习，教师进行课堂教学活动，教师再在课堂上让同学们相互交流探究。文化包教学方法有助于培养学生的跨文化意识，使学生通过认识、讨论、对比分析来提升英语语言能力。一般情况下，文化包占用的课堂教学时间较少，大概在10分钟，而具有类似功能的若干个文化包就可以上升到文化丛的阶段，文化丛的时间比文化包长得多，一般可以占一节课的时间，然后通过学生综合讨论来使学生内化文化丛的知识。

第三，分组讨论法。讨论法在文化教学中被普遍使用，是由于讨论法在教学活动中比较容易实施。在文化教学实践中采取讨论法，先要做的是分组，然后让小组内部进行讨论和探究，讨论和探究的内容可以是对教学内容的对比、分析等。经过讨论，小组的同学们可以更加深入地了解英语文化、感受英语文化。综合而言，讨论法可以使学生促进对知识的记忆，同时提高学生的学习兴趣。

第四，文化体验法。文化体验是培养学生跨文化意识见效最快的方式。文化是一个动态而又鲜活的现象，人们在漫长的历史进程中发展了不同民族的不同文化和历史。文化体验法包含四个步骤，分别是参与、描述、解释、回应。在文化体验法教学中，学校和教师应该组织多样的语言实践活动，学生在参加语言实践活动后，在体验中更加全面、深入地了解英语文化。文化体验法的活动形式多种多样，如舞台剧等形式，这些能够调动学生感官的活动形式可以最大限度地吸引学生的注意力，使学生沉浸在文化教学中。此外，教师在文化教学中可以将英语文化进行整理，组织专门的课程来向学生展示英语文化背景、风俗习惯、历史等。

二、高校英语有效教学的具体实施

（一）英语有效教学与教师反思

"反思是人类特有的一种心智活动，是对自己的思想、心理感受的思考，对自己体验过的东西的理解或描述。"[①] 对于教师的教学而言，它是教师有意识地在一般的教育教学规律或者特殊的教育理论的指导下，对教学经验进行回顾、审视与重新认识，以致产生新的更趋合理的教学方案与教学行为的过程。教学反思是要追求教学行动的有效性和合理性。因此，反思型教师能够对自己的实践及其背景进行分析，能够对教学情境做出评估并对自己下一步的行动承担起责任。教师反思与高校英语有效教学的关系可以从以下方面分析：

第一，有效教学需要教师具备反思的意识。认定教学是否有效是一件困难的事，教学是一项复杂的任务，影响高校英语有效教学的因素众多。大多数高校学生英语水平较差，入学后学生的学习意愿与态度不佳，使得高校的英语教学陷入两难，教学成效无法提高。加上高校英语的教学压力相对较轻，在教学中，一旦教师熟悉教材，特别容易陷入经验性思维定式、书本定式、权威定式和机械重复的惰性教学之中。教师是教学活动的主导者，如教师能掌握与教学有关的因素，则是促使教学成功的关键要素之一。

教师所设计的教学内容、教学策略，对学生的性格、兴趣、情绪等方面的培养和控制，与教学有关的道德规范等都影响着教学的效果。因此，有效教学就需要教师具备一种反思的意识，时刻提醒自己在每节课后主动进行反思。如果每天总是按部就班地照本宣科，少有与学生及同事的沟通交流，有效教学则无从谈起。

第二，反思型教师可以促进高校英语的有效教学。对于教师而言，在接受新的教育理念时，已经在教育的传统中行动了，这使得他们可以轻易地应付日常的教学和教育工作。

---

① 文燕. 教师反思与高校英语有效教学的研究 [J]. 教育与职业，2010（18）：188.

反思性教学能让教学永远充满改革与创新色彩，让教学永远处于一种科学合理的理智状态之中，所以它便成为教师"学会教学"、学生"学会学习"的重要方法之一。

第三，反思型教师对促进高校英语的有效教学具有重大意义：①反思型教师能够以开放的姿态看待事物，易于接纳新思想，不断地对教学进行思考；②反思型教师会利用新的信息，重新思考既定教学决策的结论与判断，在选择主要教学行为时，会根据自己的特点，尽可能扬长避短，结合自身优势来选择合适的教学行为，设计自己个性化的教学，创造独特的教学风格；③反思型教师不依赖于讲授与指导，关注探究与发现，着重丰富英语教学的实践方式，优化教学。

总而言之，反思的过程不应该是一个封闭的过程，它是一个不断循环往复的过程，为了达到有效教学，教师要切实转变教育教学观念，改变教学方式，养成教学反思的习惯。通过对自己课堂教学细节的仔细观察与审视，发现存在的一些低效或无效的教学行为，然后对症下药，不断借鉴、思考、总结、积累，形成富有个性而又富有效率的教学策略，自觉进行调整和完善，努力提高课堂教学的有效性。

（二）英语分级教学的有效教学

高校教育的主要目的在于培养技术型人才，所以对高校的英语教学模式进行探索和改革已经成为必然趋势，而分级教学一定程度上能够克服传统教学模式中的一些不足，分级教学为不同层次的学生制定不同的教学目标，教学方法也不尽相同，可以实现英语有效教学。

1. 英语分级教学的有效教学策略

（1）明确师生的主体定位。学习策略的使用对英语学习成绩的影响非常显著。因此，培养学生使用有效的学习策略及语言学习策略的训练与自主学习是相辅相成的，两者存在紧密的联系。学习策略的训练会为学生带来很多益处，能够帮助学生提高学习效率，进一步向学习目标迈进。此外，学习策略的有效教学还有利于学生探索适合自己的学习途径，从而提升他们的自主学习能力。

（2）制定不同的评估体系。为了鼓励学生的自主学习，教师要改变现有的模式，加大形成性评估的比例。特别对于成绩较差的班级的学生，教师可以运用以形成性评估为主、终结性评估为辅的评估体系，同时加强对他们的监控的督促，并采用激励机制，让他们养成学习英语的良好习惯，使他们逐渐做到想学、能学和坚持学。

（3）采取不同教学内容与方式。对不同级别的学生创设发展性的课堂教学，应选择具有知识性、趣味性和真实性的语言教学材料，给学生制定明确的学习任务，然后以任务为中心，开展形丰富多彩的课外活动，并组织学生主动参与，在此过程中给予学生适当的引导、帮助和鼓励。而优秀班级的学生普遍而言基础较好、自主学习能力比较强，可以给他们增加除教材外的学习内容，如英美文化、商务英语、英美报刊阅读等内容，提升他们的英语水平。

2. 英语分级教学的有效教学实践

（1）提高学生自信心，培养学生学习英语的兴趣。兴趣是决定学习效果的重要因素，也能够起到促进学习进步的作用。教师要先从自身做起，热心帮助学生，使之重建信心，进一步激发英语学习的兴趣，具体的做法表现为以下方面：

第一，调动学生的积极性，改变教学方法。为了让学生更好地理解教学内容，教师应积极改变教学方法。教师在教学中，还要组织开展多种形式的教学活动，如讲述英语故事、学唱英语歌、进行简单的情景对话、做一些单词拼写游戏等，这些充满趣味性的学习活动可以很好地调动学生的积极性，培养其学习兴趣，使其每次上课都有不同的感受。部分学生有看外国电影的爱好，教师可以充分利用这一情况，在教学中让学生背诵一段英文对白，在课堂对着屏幕进行表演。

第二，加强师生之间的沟通，建立和谐的师生关系。学生的学习效果与师生关系是紧密相连的，学生在良好的师生关系中进行学习，思维会变得更加活跃，对教学活动更有兴趣参与，消除对自己的质疑，增强自信心。学生面对教师的关怀会产生一种感激之情，也更有希望向前方迈进。因此，教师要经常与学生交流、谈心，把自己看作他们的好朋友，了解他们对于英语学习的真实想法，找出他们在学习中的困难之处，与他们共同解决。

第三，使学生获得成就感。正确地回答教师提出的问题，乃至读对一个句子、一个段落、一个单词，这些学习过程中微小的成绩都可视为学生的成功加以表扬，这样学生体验成功的机会增多了，信心的建立也更加容易。教师要经常给予学生鼓励和表扬，即使学生没有正确回答教师提出的问题，也要及时地给予鼓励，发挥进一步启发引导的作用。在教师的引导下，学生能够很好地完成课堂训练时，教师要及时给予肯定。此外，在平时的作业批改中，教师也要对学生进行鼓励，写一些积极的话语，这样也会传递给学生一种温暖和成功感，对学生的英语学习是一种激励。

（2）指导高效学习方法，增强学生的自学能力。教师在教学过程中要经常引导学生用正确的方法学习单词，如构词法、归类法、联想法以及拼读法等。教师要利用合理的方式让学生认识到学习观念的重要性，不能过于依赖教师，教师只是起到一个引导的作用。此外，教师还要教育学生在课堂上认真学习，积极参与教师组织的活动，在课下也要主动学习相关知识，要求学生不仅要接受教师的指导，还要尝试自主学习。

在上课时，教师要对学生的预习情况进行大致了解，主要以提问的方式，这在一定程度上起到督促的作用。此外，教师还要引导学生做好课后的复习工作，加深学生对知识的印象，达到巩固的目的。为了更好地帮助学生查缺补漏，教师还要适当安排一些单元测试，这样就能比较直观地让学生意识到知识上的漏洞，从而尽快弥补，为下一个单元的学习奠定良好基础。教师应培养学生独立思考的能力，遇到问题先自行研究，实在不会再问教师。进行课外阅读也是提高英语水平的一个途径，因此，教师要鼓励学生开展课外阅读。课外阅读可以拓宽学生的知识面，提升对英语学习的兴趣。

（3）适度关注学生情绪，有效减轻学生焦虑心理。随着分级教学的施行，一部分基础好的学生会提前完成课程任务，修满学分，之后选修一些其他的课程，使自己的英语水平继续向高处迈进。而没有完成任务的学生可能会产生负面的情绪。教师要认识到他们焦虑的真正原因，最大限度地降低学生的焦虑情绪。焦虑的产生是一种正常的心理反应，因此，教师要让学生摆正心态，正确认识焦虑，它是每个人在生活中都会遇到的，属于生活中的一部分，有压力很正常，有焦虑就更正常。学生只有正确认识语言焦虑，才能对自己有个正确的认识与评价，从而学会通过一些适当的方式来释放压力，缓解紧张情绪，进而达到降低焦虑感的作用。

教师平时一定要密切关注学生，观察他们的所作所为以及情绪变化，针对他们的情况，尽量帮助他们缓解压力，从而减轻他们的焦虑感。教师经常对学生进行心理疏导，对学生会有很大帮助，在减少焦虑方面的效果很明显，而且还会提高学生的学习成绩。换言之，学校不要把期末考试当作评价学生本学期学习成果的唯一标准，要适当降低期末成绩中卷面分数的比例，提高平时表现的成绩。

第三节　大数据技术下高校英语有效教学的提升

一、大数据技术下高校英语有效教学的可行性

大数据是对数据的采集、分析、管理、共享以及可视化的技术集合，对于英语教育来说，大数据的采集和分析工作，能够改变传统的教育方法和教育模式，使一直以来的标准化课堂教学产生更多的创新性和可塑性。所以，基于英语教育开展中的大数据采集，信息资源的来源渠道是非常丰富和广阔的，不仅能对各类相关的英语信息进行收录整理，还能极大地提升数据信息的集成效率。具体到英语教学实践中，主要是通过搜索引擎、数据库等进行大数据信息的采集，继而开展相关的数据分析工作。在这一过程中，大数据信息分析会根据英语教学的总体目标而进行，分析学生的学习需求、学习效果等，及时指导英语

教师做出合理的教学调整，完善英语课堂教学构建。此外，数据的可视化特征，也为生动的英语智慧课堂构建提供了技术支持。

当前，大数据背景下的英语教育的在线开展，能增强网络化教育和多媒体教育的力度，满足学生英语个性化学习的需求，并集合优秀的师资队伍，促进弹性化的网络在线教学的开展。而依托大数据技术的英语教学则改变了集中教学的传统模式，使学生的主体地位更加凸显，打破英语课堂时间的局限性，拓宽学生探索英语知识的渠道。并且基于网络信息技术的英语网络化课堂，以准确的数据分析为切入点，构建了效果显著的英语教学平台，"互联网大数据信息在英语课堂教学中的应用越来越丰富，体现了英语信息化课堂的优越性"①。

二、大数据技术下高校英语有效教学的应用

（一）大数据技术下远程英语教学的应用

近年来，为了给更多的英语学习者提供便利的学习途径，很多适用于远程英语教育的在线课程被开发出来，并应用于高校英语教学实践中。尤其是当前，高校英语在线课程以丰富的教学资源和生动的互动形式，更加快捷地向学生传输丰富的英语知识，不仅改变了传统英语课堂教学的单调状态，而且使英语课堂更具有灵活性和个性化特征。高校远程英语教育的发展，也使各种数据丰富起来，就学生的英语学习内容、途径、兴趣和互动特征等形成了大量的数据，教师可以根据相关的数据内容进行教学内容、教学方式的完善。

此外，在高校远程英语教育开展过程中，大数据技术能够充分发挥自身显著的作用，将数据渗透到远程英语教育的各个环节中。通过大数据的分析，高校远程英语教育平台会通过信息传输加强对学生的学习引导，掌握学生的英语学习规律，使其符合学生的英语学习习惯和兴趣，对重难点知识进行解读，提升远程英语教育的效果。

（二）大数据技术下英语教材教学的应用

大数据在英语教育领域的不断融合，也对英语教学内容的创新产生了一定的影响，并改变了传统英语教材的应用。在信息时代的影响下，高校的英语教材也进行了与时俱进的优化和完善，更加契合网络信息技术与英语课堂教学深度融合的特征。过去，在高校的英语课程教学中，英语教材的来源不一，但都是根据学生学习需求和教学大纲选择的。大数据时代的到来，使英语教师对教材内容的选择更加灵活，而且能够根据数据分析对教材内

---

①张瑜. 大数据技术在高校英语教学中的应用研究［J］. 成才之路，2022（9）：7.

容的优劣做出判断，进而再进行英语教学内容的调整。教材作为英语教学开展的主要依据，对于学生英语能力的培养至关重要。所以，在信息化时代，高校更注重英语教材和教学大纲相互渗透，使其共同作用于英语课堂教学。在传统的英语教学中，教师对于英语教材的应用只能根据课堂的教学氛围、学生知识掌握情况以及教学考核结果来综合评定。

在大数据信息的综合分析中，英语教师会十分清楚英语教学氛围是否浓厚、英语教材的选用是否符合学生当前的学习需求、学生对英语教材的内容是否感兴趣等。而这一系列英语教师较为关注的问题，都会在大数据统计结果中呈现出来，并辅助英语教师开展教学活动。这样，英语教师就可以根据英语教学的实际需求选取恰当的教材内容，营造浓厚的教学氛围，创设生动的英语课堂教学情境。而在整个英语教学中，教师应以学生对英语知识的实际学习需求为主，不断结合教学实践进行英语教材内容的优化和完善，凸显网络信息时代英语教材内容的灵活性和全面性。此外，大数据技术在高校英语课堂教学中的深度参与，也进一步增强了英语教师对教材内容的选择权，丰富了英语教师的课堂教学手段。大数据技术以直观的数据呈现，能使英语教材在开发和应用层面更加契合学生的英语学习需求，符合高校英语课程的目标。可见，大数据技术为高校英语教材的整合和开发提供了更为便捷的服务，使开放的信息化教育资源得到快速共享，共同服务于高校英语信息化教学的改革。

（三）大数据技术下英语考试教学的应用

在英语考试中，大数据也会发挥显著的作用。一方面，大数据技术通过采集和分析学生个体的日常学习行为和考试信息，可以使教师更准确地了解学生英语各项能力的基本情况。例如，教师可以明确学生听、说、读、写哪些是强项，哪些是弱项，大体处在整体成绩中的什么水平，以及单项能力的大体排名等。尤其使用 Itest 和批改网等系统后，教师更容易针对学生的弱项有意识地进行训练，以提高学生应对英语考试的能力，使英语考试更能体现学生的整体学习水平。另一方面，大数据可以帮助教师了解班级所有学生的总体英语学习情况，对英语单项的学习情况进行对比，使英语教学开展更加贴近学生真实的学习需求和状态，从而优化英语试卷的结构，确定合适的英语试卷难度，使英语考试真正促进学生能力的提升。

总而言之，在大数据时代，老师需要利用数据来制定适合学生适合自己的一种教学方式，无论在单词还是语法方面。老师应该创建合适的场景，让学生能够沉浸式地学习英语，争取能够让所有学生都能够积极地、主动地参与到英语学习上。此外，我校使用的外研版教材较好的贴合学生生活，所以学生在学习本教材时，表现出浓厚的兴趣，除了学习英语语言知识外，也会对奔一个单元话题进行深入思考，培养了学生批判性思考能力。

第三章
大数据技术在高校英语教学内容中的应用

第一节　大数据技术在高校英语听力教学中的应用

一、高校英语听力教学概述

（一）高校英语听力教学的特点

通常一个班级的学生来自全国各个地方，学生的听力水平参差不齐。部分学生听力基础差，没有掌握正确的学习方法，也有部分学生语音语调存在较大问题，因而很难听懂正常语速的听力材料甚至已经学过的常用词，当然也有一些学生英语水平很高，比较容易听懂听力材料。在听力水平不同的情况下，使用相同的教材和教学方法，使得听力水平低的学生不想学，教师难授课，也就达不到提高高校英语听力水平的教学目的。"高校英语听力教学内容较为广泛，不仅包括语言知识、文化知识，还包括培养学生对听力策略的掌握和运用"[1]。目前，部分学校尝试突破原有的以院系为单位的班级，将学生听力水平分成提高、普通和预备三个层次，有针对性地选择授课内容和授课方法，更好地贯彻因材施教的原则。

（二）高校英语听力教学的模式

1. 文化导入式教学模式

文化导入式教学模式是一种通过引导的方式让学生主动建构语言与文化知识、促进英语综合运用能力的相对稳定的操作性框架。该模式主张教师在一定的教学环境中，根据教学大纲、教材和学生实际，运用正确的方法对学生进行积极引导，激发他们的思考与想

---

[1]李红霞. 高校英语教学研究［M］. 天津：天津科学技术出版社，2017：32.

象，促进学生主动进行内部心理表征的建构，从而培养学生对文化差异的敏感性、宽容性以及处理文化差异的灵活性，提高学生综合运用英语的能力。文化导入式教学模式在教学内容上注重文化概念与思考方式的引入，突出相关文化内容，在教学形式上注重学习主体作用的发挥，同时也要求教师积极发挥主导作用。

（1）利用词语导入文化背景知识。词语包括单个的词和短语。语言的各种文化特征都能在词语中展现出来。教师在教学中应适当地导入听力材料中具有一定文化背景知识的词语，让学生充分理解其文化特征与内涵。

（2）适时培养学生对文化背景知识的敏感性。为培养学生对文化的敏感性，教师要充分利用教材发现问题，培养学生从文化角度来审视问题的根源，提高他们发现目的语文化现象的存在和这一文化与母语文化之间相符相悖的敏感性。

（3）听说并重，增强文化理解力。要想真正提高听力水平，必须强调听说并重。教师可以根据不同的材料通过复述、问答及根据听力组织对话、进行小品表演等形式对学生进行听力检查，这样既可以加深学生对有文化内涵知识的掌握，又可以提高学生的听说能力。

（4）借助视听媒介导入文化。教师应发挥多媒体的优势，充分利用电影、电视、幻灯等资料进行辅助教学。因为这些媒介是了解英语文化的有效手段，是包罗万象的文化载体，学生可以在观影中直观、真实地了解西方的社会风俗、交际方式、价值观念等文化内容。

（5）延伸教学空间，拓展英语文化。教师可以采取布置任务的方式，让学生提前查阅与所学单元相关的文化知识，并让学生以幻灯片形式展示成果，使学生在参与中增强信心和成就感。同时，鼓励学生课后大量阅读介绍英美文化的书籍，这样既可获得语言知识，又可深化学生对文化差异的了解，从而提高学生的听力水平。

2. 视听说结合式教学模式

视听结合，使学生处在耳目一新的教学环境当中，在视觉和听觉的双重刺激下接受语言信息，在这种环境中启发学生说英语的兴趣可以达到事半功倍的教学效果。教师应尽可能地为学生创造练习口语的机会，将听与说有机地结合起来，以听说结合的方式切实提高学生的听力水平，保持英语习得过程中的输入与产出的平衡。

视听说结合式教学环节可以解决英语教学中的"质"的问题，通过指导学生按照粗略观看、仔细听、口头讲述三个步骤来完成从语言输入到输出的过程。在粗略观看阶段，教师根据视听内容，利用图片、实物、背景知识的介绍和单词的讲解等形式进行巧妙的导入，让学生对视听材料的大体内容有所掌握，为下一步教学做好铺垫；在仔细听阶段，不仅指导学生进一步明确整段话语的大意,更要把焦点放在语言材料本身,要求学生能够回答具体的细节问题,甚至区别细微的语音现象;在讲述阶段,可以采取如问答、复述、谈论话题、讨论、情景对话、描述、角色扮演等多种形式,对视听材料有选择地进行再现、借鉴或者创造。

(三) 高校英语听力教学的策略

第一,选取多元化的听力材料。在选择听力材料时,教师既要结合教学实际的需要,也要结合学生现有的能力和兴趣,还可以让学生在课堂上以英语游戏的形式参与活动,循序渐进地进行练习,最大限度地挖掘他们的潜在能力,发挥他们的主观能动性。在多媒体教学环境下的今天,教师可以播放英文电影、教学情景对话、英文歌曲或演讲,通过增强听力内容的趣味性、实效性,适当引入一些流行元素,提高学生的英文水平。英文电影作为一种直观、形象、生动的方式,越来越受到学生的青睐。英文电影有吸引人的剧情,有些情节非常具有趣味性,影片中的英语不再是让人望而生畏的语言,变成了妙趣横生、充满生机和活力的实践。每周增加一点这些内容,并在人机对话中让学生学唱英文歌曲,进行英文电影配音,这些方式都有利于提高学生的英语学习热情和积极性,从而使其在轻松愉悦的氛围中提高英语听力水平,并且对提高口语表达能力也非常有帮助。

第二,注重听力材料前的提示。在给学生上听力课时,教师不能只是给他们播放录音带,也不能只给他们解释一点词汇或者短语,而是应当用已有的与材料相关的知识来引导学生。例如,教师可以用简短的讨论进入主题,让学生根据听力题目或者预先给的一些暗示来猜猜听力的内容,从而帮助学生理解所要听的材料。通过这些方式,可以让学生对将要听到的内容有所期待,也从心理上进入一个准备阶段。另外,如果材料有一定的难度,可先用简单的语言来表述,培养学生在听听力材料的同时做笔记的能力,也可以在听材料之前给学生一些相关的问题,学生学习就更有目的性,效率也会提高。

第三,培养学生抓住听力学习的重点。通常而言,学生喜欢把材料里的每个单词都理解清楚。事实上,不同的听力材料在不同的语速下,只要学生能把听力材料的重点,即能帮助理解材料的内容听懂即可。一般而言,一篇材料里的诸多新单词并不会影响学生理解全篇大意。教师应当经常提醒学生要听重点,根据问题留意某些细节就可以了,教会学生如何抓住听力材料的重点。

第四,精听与泛听的有效结合。精听是"精确听力练习",要求学习者在听力练习中捕捉到每一个词、每一个短语,不能有任何疏漏和不理解之处;而泛听是要求学习者在听力练习中以掌握文章的整体意思为目的,只要不影响对整体文章的理解,一个词、一个短语甚至一个句子听不懂也无所谓。精听和泛听可以结合练习,如某一篇文章中有几段可以用精听的方法练习，在练习的过程中准确无误地听到某些细节性的信息，有几段可以用泛听的方法了解文章的梗概。

二、大数据技术在高校英语听力教学中的应用实践

当前人类已经进入了数据规模性应用和分享的时代，在大数据时代中，无论是商业领域的服务，还是公共卫生和政府决策方面都受到了重要的影响。大数据时代通过先进的技术理念和巨大的数据储备来实现对未来发展趋势的准确预测，从而对人们的价值和知识体系以及思维的方法产生重要的影响。在这样的背景下，大数据技术也逐渐被应用到教育领域中，对于教育领域中的工作者进行了思维的革新，同时也对学校的教育模式进行了改变，实现了教育评价体系的重新构建。例如，微课和翻转课堂都是受到大数据时代影响的一种课堂教学模式的革新。在英语教学中，我国多数高校学生的弱点主要在于听力，虽然耗用了较多的时间和精力去练习，但却仍然无法获得好的效果，这一情况受到了多方面的关注和重视。在大数据技术的支持下，高校英语听力教学发生了重要的转变，因此，对高校英语听力教学的改革有着重要的实践意义。

大数据技术在高校英语听力教学中的应用主要从以下方面着手：

第一，丰富教学资源。在以往的高校英语听力教学中，大部分教学资源都是源自教科书，很难保障英语听力教学资源的时效性。进入互联网时代之后，学生可以通过互联网来进行听力资源的下载，但是这类资源过于随机，无法形成系统性的学习。在大数据时代，学生们可以通过网络学习平台来进行听力练习，网络平台中的课程更加系统且有着较高的教学水平。除此之外，也有部分较为专业的英语视频网站，这对于高校学生们来说是非常好的英语听力练习资源，充分保障了学生们听力练习的系统性。例如一些英语网站对听力资源进行了科学的分类，并在其中提供了相应的字幕服务，为学生们的英语听力练习带来了便利。

第二，增强师生互动。随着大数据时代的到来，英语听力教学平台已经具备了一定的规模，在这样的平台中，主要的数据应用方是学生，而学生同时也生产了很多的数据。学生们通过平台进行听力练习时自然就会出现相关的数据，如他们听某个资料的次数或者时长以及练习听力的时间段等。教师可以通过平台来了解这些信息，以实现对自身教学进度的合理调整，从而提升自身的教学效果。

第三，增加听力教学手段和工具。除了专门的英语听力训练平台和英语视频网站之外，在移动终端上也出现了各种各样的英语听力教学 App，如智能手机、电脑以及其他移动终端等。我们比较常用的听力软件包括了每日英语、可可英语及四级考霸等，这些英语听力练习 App 的出现，使得学生们的听力练习不再被局限在课堂上或者图书馆中，随时随

地就可以通过移动终端来进行听力练习,提升了学习的灵活性和高效性。

第四,对教学评价体系进行完善。"教学评价需要以相关的教学目标和价值为依据,通过合理的评价方式和技术,来进行价值判断"①。随着我国教育领域的逐步发展,评估已经变成了现代教育的重要研究内容,而通过利用大数据技术,能够为教学评价工作提供更为先进的思维。首先,在大数据时代,教学评价的范围得到了增加,评价不再仅仅针对学生,同时也包括了课程、学校以及教师等多方面因素。通过运用大数据技术实现了学校、学生、教师和课程的综合评价。其次,进入大数据时代,考试已经不再是对学生进行教学评价的唯一方式,通过运用大数据技术,能够对学生在日常学习过程中的微观表现进行关注,包括了学生在课堂中的态度、听力练习的时间以及合作探讨的次数等,都会被加入教学评价的内容当中。

第五,听力练习与日常生活相结合。传统高校英语听力教学素材都是为了提高学生的听力水平而专门设计的,当进入大数据时代后,学生可以更加方便地通过网络观看国外原版的新闻、访谈或者纪录片等,并能够通过大数据技术的平台来进行分享,实现了日常生活与听力练习的有效结合,有利于培养学生学习英语听力的兴趣。

总而言之,大数据技术影响了高校英语听力教学的思维和行动,但从目前的情况来看,我国对于大数据时代中的高校英语听力教学研究仍然处于初始阶段,大部分高校教师在英语听力教学中对于大数据技术的应用仍然面临着很多问题,需要高校英语教学工作者积极地去进行探索和研究,以更好地提升高校英语听力教学质量和效率。

第二节 大数据技术在高校英语口语教学中的应用

一、高校英语口语教学概述

(一) 高校英语口语教学的特点

1. 英语口语教学内容的特点

英语口语教学的内容是广泛的,不仅包括在口语课上教学生如何说,而且还要从教学内容、教学安排等方面保证学生在课下都有大量的口语实践机会。因此,教学内容的广

---

①师育兰. 大数据时代大学英语听力教学的改革途径分析 [J]. 科学咨询(教育科研), 2021 (5): 54.

泛、可延展性是英语口语教学的一大特点。教师可以有计划地组织安排各种训练活动，把训练学生听、说、读、写、译等各项能力有机地结合起来，根据不同阶段、不同的练习目的和主题采取诸如朗诵、辩论、表演、配音、口头作文等多种形式，把握适当的难易度，巩固学生的基本功，使教学内容成为一个可伸缩的知识性、趣味性并重的系统。

2. 英语口语教学管理的特点

高校英语口语教学的管理贯穿于英语口语教学的全过程，要确保英语口语教学达到既定的教学目标，必须加强教学过程的指导、监督和检查。因此，口语教学的管理要做到三个方面：①必须有完善的教学文件和管理系统，教学文件包括学校的英语教学大纲和口语教学的教学目标、课程设计、教学安排、教学内容、教学进度、考核方式等；管理系统包括学生口语成绩和学习记录、口语考试分析总结，口语教师授课基本要求以及教研活动记录等。②口语教学推行小班课，每班不超过30人，如果自然班人数过多，可将大班分成约30人的小班，分开上口语课。③有健全的教学管理和培训制度。英语教师的口语水平是提高口语教学质量的关键，学校应建立年龄、学历和职称结构合理的师资队伍，加强对教师的培训培养工作，鼓励教师围绕教学质量的提高积极开展教学研究，创造条件因地制宜开展多种形式的教研活动。

3. 英语口语教学评估的特点

教学评估是英语口语教学的一个重要环节。客观、全面、科学、准确的评估体系对于实现教学目标至关重要。它既是教师获取教学反馈信息、改进教学管理、保证教学质量的重要依据，又是学生调整学习策略、改进学习方法、提高学习效率和取得良好学习效果的有效手段。对学生学习的评估可分为两种：一种是形成性评估，另一种是总结性评估。无论采用哪种形式，英语口语教学的评估都是考核学生实际使用英语语言进行交际的能力。口语教学的主要内容是语音教学，自然规范的语音、语调将为有效而流利的口语交际奠定良好的基础。尤其是在大学口语教学过程中，教师重视发音的准确性，而不过分强调流利程度有助于学生培养良好的语言习惯。

（二）高校英语口语教学的方法

1. 纠正学生英语口语发音

在高校英语的第一堂课，教师应向学生阐明正确发音的重要性，即标准的发音是一个人英语口语素质的基本体现，并且督促学生积极纠正，在课下同学之间互相帮助，互相监督。教师也应该帮助学生总结一些极其容易出错的发音在课堂上有针对性地指出，让学生引起足够的重视。教师可以安排学生课下做一些他们感兴趣的原声材料模仿练习并要求在课堂上进行展示，如电影对白、演说词、诗歌朗诵、英文歌曲等。学生通过模仿不仅可以纠正每个单词的发音，也可以有意识地去学习纯正的语调及地道的表达方法，从而增加对英语的语感。

2. 提升学生运用英语思维的能力

（1）鼓励学生掌握尽可能多的词组。在高校英语教学中，单词的学习不能占用太多的课堂时间，而应该成为学生自主学习的一项主要内容。学生学习时应以词组为单位，尽可能多地掌握词组。教师为了引导学生，可以在课堂上适当地加入词组接龙竞赛之类的游戏，要求学生按顺序将自己所掌握的词组写到黑板上，这种方法一方面可以活跃课堂气氛，另一方面也可以提高学生记忆词组的积极性。

（2）背诵文章讲故事，培养语感。学生通过背诵短小精悍的文章，可以缓解畏难情绪，激发他们的兴趣，更重要的是培养了他们的语感。在跟读—朗读—背诵三部曲的练习中，学生提高了他们的断句能力和理解能力。无论是怎样的材料，只要是地道的英文，难度符合学生的水平，内容是学生感兴趣的，坚持背诵，都能提高学生的语感。

二、大数据技术在高校英语口语教学中的应用实践

大数据技术的发展，迅速推动了教育从形式、内容到手段等方面的全面变革，带来了多元化的学习环境，为学习提供了广阔空间，全面促进学生的自主学习，加强了师生之间及学生之间的相互交流和信息共享，使个性化的自主学习得以真正实现。大数据技术在高校英语口语教学的改革主要有以下实践意义。

第一，提高了教学效果。将大数据技术手段加入大学英语口语教学中来，改变了教师作为知识灌输者的角色。而教师作为知识构建的辅助者和引导者，积极创设出与学生过去知识能链接起的场景，激发学生学习兴趣，发散学生思维，使学生对新知识的构建能够驾轻就熟，充分发挥学生主体性作用，提高学生课外自主学习能力，最大限度地挖掘他们的学习潜能。该教学改革还克服了传统口语教学中课时少、学生多、大班教学无法使每位同学参与到口语预演中、教师无法一对一指导等困难。同时这种利用课下时间聆听或观看学生作品的方式，也减轻了教师课堂上的负担，使教师能够在课堂上尽情发挥引导者和指导者的角色，这种教学改革使教师对学生、学生对自己都有了更清晰的了解，最终使学生更有效地获取知识，从而提高口语教学质量和效果。同时，学生也可以使用AI智能人机对话，提高口语表达。

第二，进一步加强了建构主义教育观的实践性。建构主义理论为教育教学提供了新的理论指导，打破传统教学中以教师为中心的教学理念，改变师生之间的关系，强调学生自主学习能力的培养和教师角色的改变，使师生关系更加平等。本次实践使建构主义理论从

抽象的理论叙述走向真实课堂教学，并将其与信息化手段相结合，促进了实际教学效果，使理论与实践结合得更加融洽且有意义。

第三，使教育教学内容、手段及形式等方面更加多样化。将大数据技术引入教育实践中，对于互联网的信息化手段，不再是简单的多媒体设备、图片、PPT 的应用，而是利用互联网、大数据、云计算以及移动互联等技术为教育教学所用，使学习者不仅拥有资源丰富的学习内容，更能根据自己的兴趣利用碎片化时间，自主开展学习计划，学习的手段也较传统学习丰富不少。

第三节　大数据技术在高校英语阅读教学中的应用

一、高校英语阅读教学概述

（一）高校英语阅读教学的特点

第一，英语阅读内容的特点。从对高校英语教材的把握而言，高校英语教材中几乎包括了各种文体，具有多样性和现代性。其多样性表现为：①文章涉及多个领域，如语言、经济、文学、科技等；②体裁有说明文、记叙文、议论文等；③语域的多样性，所选文章既有书面体文章，也有语体口语化乃至俚语化的文章。因此，高校英语的阅读内容具有篇幅长、生词多、句法多样化等特点。

第二，英语阅读方式的特点。高校英语阅读一般分为精读、泛读和略读：①精读，要求学生毫无遗漏地仔细阅读全部语言材料，并获得对整篇文章深刻而全面的理解，在精读课本中，每篇课文后的词汇、语法、句型及注释都应仔细领会。②泛读，也可称为普通阅读，要求学生读懂全文，对全文的主旨大意、主要思想和次要信息及作者的观点有明确的了解。对全文只做一般性的推理、归纳和总结，无须研究细节问题和探讨语法问题。但要求阅读速度高于精读速度一倍。③略读，是一种浏览性的阅读，学生以他能力达到的最快速度浏览阅读材料。略读不需通读全文，只跳跃式地读主要部分，目的是获取全文的中心思想和主要内容。

（二）高校英语阅读教学的策略

1. 采用语篇教学法

语篇分析理论主张把文章看作整体，从文章的层次结构着手，引导学生注重句子与句子之间的衔接、段落与段落之间的过渡，使学生在语篇基础上掌握全文，从而提高理解能力。在高校英语阅读教学实践中，运用语篇教学法进行教学的主要环节如下：

（1）围绕文章标题，预测文章内容。文章标题是文章内容的总概括，通过对文章标题的分析，可以有效地预测阅读材料的语篇类型及题材。在此过程中，教师可以围绕标题提一些启发性的问题，不仅有利于预测文章内容，还为下一步导入文化背景做好了铺垫。

（2）导入背景知识，进行体裁和语篇分析。体裁是文体分析的三个层面之一，体裁分析是语篇分析的一个方面。要让学生学会比较不同的体裁所达到的不同交际效果，就必须在教学中及时导入相应的文化背景知识，只有让学生充分了解不同文体的特点，认识不同文体的结构，才能有效培养学生运用正确的阅读方法来进行阅读的能力，从而提高阅读效果。

（3）抓住主题句，利用信息传递及组织模式把握语篇中句子和段落中心，并进行必要的语法、词汇衔接手段分析和意义连贯推理。例如：用表示时间顺序、地理方位、因果关系等逻辑概念的"过渡词语"，以达到文章的连贯性和黏着性；运用"语法纽带"，即通过使用省略、替代、照应等句法手段达到承上启下的效果。

2. 提升对词汇量与阅读量的重视

教师应督促学生加大词汇量和阅读量，鼓励他们多读、多写、多记，同时传授一些词汇记忆方法，如文章中记忆法、联想记忆法、造句记忆法、构词记忆法等。教师可以系统讲授一些词汇学习理解方法，如利用词缀猜测生词的含义，利用上下文来推测词义，利用近义词、反义词、同类词来比较词义，通过加大阅读量来巩固词汇等。同时注意一词多义，引导学生掌握词汇的派生、合成和转化等构词法知识，建立起便于记忆和应用的新图式，扩大词汇量。

3. 传授快速阅读的技巧方法

（1）跨越生词障碍。长篇阅读长且专业性较强导致生词多。跨越生词障碍可以通过猜测词义来解决，猜测词义的方法有很多，如根据语境、定义标记词、重复标记词、列举标记词以及同位语、同义词、反义词或常识等。但这些方法都离不开两个方面：一方面是学生的文化修养，即语言、文化素质；另一方面是通过全局识破个体的能力，这就要求学生要不断扩大自己的知识面，懂得社会、天文、地理、财经、文体等科普性知识。

（2）浏览题后句子，抓住每句中的关键词，带着关键词读文章。。一般而言，作者根据自己的意图和思维模式，通过一定的语言手段，把分散的、细节的、具体的材料组织在一起，在训练或测试中，命题者往往采用多种方式进行提问，如替换、改写或解释，但无论如何，命题范围和思想基本与作者一致。学生应先了解问题的要求，带着问题和所需的信息去查询，以提高阅读速度。

二、大数据技术在高校英语阅读教学中的应用实践

大数据的发展对各个行业领域都产生了一定的冲击,对于教育更是具有一定的推进影响,使得传统教学模式已不再作用于现代教育。在大数据时代下,能够发现的是学生的学习特点以及思维方式都有一定的转变。从他们获取信息的途径来看,在以往,报纸、广播电视是最主要的途径,但在当前,一部手机就可以随时了解各地发生的新闻。而对于学生而言,碎片化时间更多,在手机上也可以完成各种碎片知识的学习。而大学英语阅读教学也可以充分考虑这些特点,从而选择合适的教学模式,提升教学效果。

(一) 大数据技术对高校英语阅读教学的影响

第一,对教育教学的影响。在这一时代发展过程当中,资源的共享与丰富为学校教育提供了便捷条件,同时,对于教育的发展亦是具有创新性的影响,为教育教学形式的革新创新了空间。随着这一时代的演变,现代教育中逐渐涌出各种形式的在线教学,使得教学形式逐渐个性化、多样化。在大数据的指引下,不论是教学内容、教学手段或是在教学资源上都产生了一定的影响因素,在此基础上亦是为教学创造了机遇与挑战。

第二,对传统教育模式的影响。大数据在时代的发展背景下有着诸多的优势特点,比如容量大、多样性、价值高、真实性、速度快等,能够为教学提供大量且高价值的教育资源,从而在这一现象的冲击下逐渐使得传统教育模式不再被适用。在此过程当中,知识的有效获取不再局限于课堂,资源途径的获取得以充分拓展。教师则可利用教学软件收集相关信息数据,从而精准设计教学内容,从而达到高效科学教学的成效,对于传统下的教学则是一大转变与突破。

第三,英语阅读教学模式革新的机遇。大数据的发展为教学拓宽了更多科技化的教学模式,使得学生得以在新颖条件下体验更加具有科技、趣味的学习过程。教师能够通过现代社交软件布置阅读任务、设计阅读题目等,学生亦能够借此分享学习资源,从而使得教学不受时空限制。同时,在大数据的支持下,学生学习情况可通过相关信息数据得以及时掌握,使得教师能够更加精准地设计教学方案。

(二) 大数据技术在高校英语阅读教学中的创新

1. 教学方式上的创新

(1) 慕课。在数据时代的教学基础上,教师应充分利用信息资源,将课堂教学与课外学习相结合,通过这种方式培养学生的主动性以及学习能力,从而加强对于英语阅读的掌握。慕课是现时代下较大的互联网公开课程学习网站,内含有各个高校教师对于各个专业

以及课程主题的教学，学生可根据自身情况自主选择学习内容，从而丰富知识体系。学生可以通过听课汲取到重点知识，在教师的引导下更加高效地学习知识内容。

（2）微课。微课亦是信息数据时代所衍生而来的教学模式，其显著的特点使得学习在此基础上得以有效的提升。在英语阅读教学中，教师可结合阅读内容，设计不同形式下的微课，以辅助课堂教学。另外，教师亦可将微课应用于高效的学习资料进行制作，将其制作为更加系统化的课程体系，从而使得学生得以在学习时能够随时复习巩固，在学习新知识过程中有效开展预习，并加强对于阅读中重难点问题的掌握。

（3）翻转课堂。在数据时代环境下的翻转课堂，英语阅读的教学中教师可将知识内容以视频的形式展现课堂之中，提高对于书籍资料等的阅读，即将需要在课后阅读学习的知识内容转移至课堂之中，将课后的自主学习转化为课堂上与教师同伴的共同探索。但在目前的教育阶段，对于这一课堂形式的应用仍处于初始阶段，在教学上缺乏成熟度，且存在各种因素问题。因而在此教学模式下，教师应结合学生的专业，制订相应的教学计划，以提升阅读教学的有效性。

2. 教学内容上的创新

英语阅读教学具有综合且全面的特点，因此，在时代背景的发展环境下，教师应充分利用这一时代的优势，将英语阅读模块的教学充分发挥出来，以全面提升学生的英语阅读能力。首先，从单词层面，教师可让学生先行阅读预习，将文中陌生词汇整合出来，结合网络资源将词汇的释义、短语、例句等加以整理学习。另外，教师可结合词汇学习软件进行学习，或开发校内英语阅读学习系统以及英语学习网站等，从而将词汇释义与课文内容以电子的形式体现出来，辅助学生阅读学习。其次，在口语层面，阅读教学作为语言基础培养，教师可利用网络资源加强学生的语言水平，通过模仿掌握标准发音以及断句、连读等能力，比如喜马拉雅，教师可注册账号，进而制作语言教学课件，或将教材内文章录音发表，供学生学习音频；有道APP、可可英语等软件，学生都可以根据自己的爱好选择相应的阅读材料进行阅读并进行检测。此外，一些出版社也会根据自己的教材研发相应的学习软件，并在自己的软件里设置大量的话题阅读材料供学生阅读检测。教师可结合教材内容设计话题等，从而全方位提高学生的语言能力。此外，阅读与写作本是一体化内容，因而教师在阅读教学的同时，可在引导学生资料整合收集的基础上，开设随笔写作练习，以提升学生英语写作水平。

综上所述，大数据的到来为教育教学创新了条件，使得大学教育形式从根本上得以创新，更是促进了英语阅读教学的进步，使得教学效果得以全面提升。

第四节　大数据技术在高校英语写作教学中的应用

一、高校英语写作教学概述

（一）高校英语写作教学的特点

第一，写作是一个输出和检验的过程。学生要有一定的信息输入——对体裁、内容都要有一定的了解，同时无论是课后还是课中，学生都应有一定的阅读量，积累丰富的词汇、句型和语法，才能在写作课上游刃有余。换言之，写作能够检验学生平时的知识积累程度，检验学生对语法的掌握和词汇的运用等。

第二，写作是循序渐进的过程。写作要求学生进行丰富的联想，发现题材并将之组织成文。要想提高写作水平并不是短时间能够做到的。要想切实提高自身的写作水平，还需要多阅读、多分析，反复练笔。因为，写作的过程并不是简单地记录所看到或所读到的内容，而是用另一种语言表达自己思想的过程，其中涉及遣词造句、文章架构以及段落的衔接等方面的问题。

（二）高校英语写作教学的方法

1. 指导写作过程

（1）审题立意。审题是写好一篇文章的第一个且是最重要的环节。文章是否切题就看学生是否认真审题，是否能明白题材的写作要求。高校英语写作都会给出提示语，甚至是作文题目，学生必须围绕所给提示语或题目展开论述。因此，审题并理解题意很有必要。学生在拿到作文题目之后，先要仔细阅读题目，认真审阅写作部分提供的说明与要求，再确定相应的体裁，如议论文、说明文。议论文主要是权衡利弊或就观点进行反驳等，说明文主要是阐述主题或提出解决问题的方案等。教师可以对学生进行提问，了解他们的审题情况。通过审题，学生明确文章的中心内容，从而达到审题立意。

（2）列出提纲。在确定中心思想之后，学生须粗拟一个提纲。提纲是文章写作的计划，也是一篇文章的基本框架。提纲可根据文章的结构列出。文章是由引言段、正文部分和结论段三部分组成。引言段揭示主题、正文部分从不同的角度对主题进行阐述、结论段对全文进行归纳总结。

（3）确定主题句。主题句是表达全文主题的句子，它概括了全文的大意，全文的其他文字都应围绕它展开。因此，主题句一般放在文章的开头，其特点是开门见山地摆出问题，然后加以详细说明。主题句具有较强的概括性，它概括了全文的中心思想，反映了作者的写作意图，是全文的核心所在，也是作者思维的起点，它对确保文章主题突出有着重要的作用。教师可以通过学生的主题句得知其对文章主题的把握情况，从而判定其写作前的准备工作是否充分。

（4）撰写扩展句。扩展句是用来解释和支持主题句的句子。确定主题句之后，学生可以根据所列提纲，围绕主题进行发挥，收集与主题句密切相关的写作材料，为主题句服务，详细说明并支持主题句的思想。选择的材料最好来自日常生活，因为它们真实且具有说服力，学生也相对熟悉，易于把握。在撰写扩展句的过程中，注意句子之间必须用连词或关系词来连接，段与段之间要用过渡词，以体现文章的逻辑性，它们是连接句与句/段与段之间的纽带，在行文中起承上启下的作用。与此同时，学生要注意整个篇章的层次性，将最重要的先写，然后逐级递减，这样可以使文章自然、流畅，重点突出。

（5）升华结论句。作文的最后一部分由结论句构成，结论句通常与主题句一样包含全文的中心思想，它总结了全文，深化了主题。但所用的措辞与主题句不同，它是换一种说法，变换措辞。学生可简明扼要地总结前面所写的内容，重申主题，使文章结尾与开头相互照应。结尾部分能加深读者对整篇文章的理解，给读者留下更为深刻的印象。

（6）修改与整合。文章写完后，学生应认真通读一遍全文，修改明显的拼写错误，以及一些语法错误，如时态、语态等。为确保句子的正确性，尽量避免语法结构错误，这一过程虽不能针对例题、结构、修辞等方面进行全方面考虑，但对个别词汇、语法、拼写错误稍加改动也很有意义。除学生与教师修改外，还可以进行学生之间的互改互评，然后教师再进行批改、讲评。讲评的重点放在文章的结构与内容上。一些写作软件也是学生练习的重要手段。

2. 掌握写作教学技巧

（1）词汇。根据不同的语境或上下文，学生须选择恰当的词语。在写作的时候，首先必须保证选词的正确性，根据所需表达的具体含义，选择最为恰当的单词。在考虑相同的意思时，同一词语在一篇文章中最好不要重复出现，而应考虑使用其他同义词或近义词替换，可以选择一些具有一定难度的单词进行替代，恰当地使用高难词汇有助于提高写作层次。

（2）句型。在写作中，除了词汇可以丰富多彩外，还可以使用不同的句型结构。通常而言，学生在写作过程中受自身的知识和时间等方面的影响，在句式变化上未能深入地思考，以致行文呆板、不够灵活。在英语写作中，有很多的特殊句型都可以运用在写作中，可以让学生多使用典型句式，适当运用成语和谚语，恰当使用一些平行、对比结构。

（3）结构衔接。在写作过程中，要使句子或段落之间衔接紧密，需用一些关联词来连接，这样才能使文章自然、流畅。关联词可以连接段落或句子。段落是文章中最基本的单位，它表明了全文的结构层次。写作时一定要段落清楚，有开头、主体和结论三部分，全文需分段撰写，而句子又是构成段落的基本单位。如何将它们有机地组合起来，这就需要使用过渡性的词语，并根据关联词表示的逻辑关系选择关联词。

二、大数据技术在高校英语写作教学中的应用

当前，随着我国信息技术的发展，我国的经济实力在不断增强，我国社会也已经受到了大数据技术的影响，逐渐进入大数据时代。以大数据时代作为背景，人们的日常生活和人们的思维方式都有了很大的转变，而大数据给人们带来的影响不仅于此，无论是在各行各业的发展中，还是在高校教育教学发展中，大数据的影子无处不在。之所以要进行英语写作教学改革，就是为了提高高校英语写作教学的有效性，使高校英语写作教学方式能够更加贴合时代的需求，并且借助英语写作教学改革，提高学生的英语写作能力。

当前，互联网在我国的普及范围越来越广，人们建立了全新的交流平台，人们利用网络，可以在网络平台上进行及时的信息交流，而网络用户不仅仅是信息的使用者，也是信息的传播者。因此，这意味着用户可以在网络平台上传播信息，也可以接受其他人的信息。而人们会在网络上选择接收的信息往往是自己有所需求的信息。因此网络平台的建立对于人们的个人发展也有着非常积极的作用。在网络交流平台能够使人们之间进行更加有效的信息交流，人们可以选择的信息范围也非常广阔，打破了传统教育教学的限制，学生不再只能通过课堂获取学习资源，因此学习也就不受时间和空间的限制；同时，开放的网络交流空间还会使得人们的思维更加敏捷，使人们的思想更加多元化。

在大数据时代背景下，高校英语写作教学方式必须要有所改变，而在传统的英语写作方式中，教学内容结构等同于教材，因为教师主要就是围绕教材进行教学，但是却没有考虑到对学生英语思维能力的培养以及对学生想象力的维护，完全按照教材对学生进行教学，会局限学生的想象力，也会使学生慢慢形成固定思维，不但不能对学生的写作能力起到有效的提升作用，还会阻碍学生写作能力的提升。而人们在互联网交流平台上不仅能够实现资源共享，还能够得到其他的益处，如学生能够通过互联网交流平台获得更多的灵感以及创作启发，而这些有利于学生英语写作能力的提升，并且通过互联网，学生能够获取更多的英语写作素材，因此也能够提高学生的写作效率，避免出现无事可写的情况。而且对于大学英语写作形式而言，大数据时代也带来了较大的影响，其中既有积极正面的影响，也有消极负面的影响，如市面上出现了很多写作软件，这些写作软件导致学生不再将更多的精力或更多的时间投入到大学英语写作中，反而会利用写作软件快速成文。但是其

积极正面的影响在于市面上也出现了越来越多的写作平台,在这些写作平台上,学生可以发表自己的英语作文,通过与别人交流和探讨来完善自己的写作能力。

就目前而言,使用英语的人数越来越多,而英语在社会上的使用也越来越普遍。学习英语不仅仅是为了和国外人士进行交流,促进我国的经济发展,也是为了学生的个人发展,使学生的能力能够得到全面的提升和培养。除此之外,教师也应该注重对学生大学英语写作兴趣的激发,当学生能够对大学英语写作产生兴趣,那么学生自然就会更加积极主动地探索有效的英语写作能力提升路径,甚至会主动分析自己在大学英语写作中存在的问题。

总而言之,在大数据时代背景下,我国高校英语写作教学方式必须要有所改变,而这种改变要基于学生的需求之上,也应该考虑到学生的创新能力以及创新思维的启发和培养,尽可能帮助学生避免大数据技术所带来的消极影响,利用大数据技术所带来的积极影响,提升高校英语写作教学有效性。当然这也要求高校必须投入更多的资金和教学设备,满足英语写作教学条件,让学生能够在网络信息交流平台上得到完善和发展。

第五节 大数据技术在高校英语翻译教学中的应用

一、高校英语翻译教学概述

(一)高校英语翻译教学的特点

翻译能力是学生英语能力的重要体现,同时也是对学生综合能力的基本要求之一。翻译并不是源语的词语和语句结构到目的语词语和语句结构的简单转换,也不是在目的语言中寻找与源语对等的词语和语句结构,然后串接成句的过程。严复提出翻译的三个层次:信、达、雅,信即表达出原文的意思;达即用词贴切符合原文意思;雅不但要翻出原文意思,情感色彩及修辞等也要高度一致。在翻译的表达阶段,应注意不同文化中语言形式的差异,按照目的语习惯进行调整。在高校英语教学中开设翻译教学,可以让学生在进一步加强中国传统文化素养的同时,吸收英语人文知识。英语学习成功的标准不应是学生能背多少教过的句子、词组和生词,或知道多少语法规则,而是他们能否用所学到的语言创造性地表达。翻译本身就是一种语言创造,而英语教学的使命就是把翻译这一语言创造活动普及开来。"教育者需要引用更多丰富且实用的跨文化素材,使学习者不仅从书中习得翻译知识及技巧,还能够切实行动，从做中学"①。

（二）高校英语翻译教学的方法

1. 猜词教学法

学生的概念能力是一种洞察复杂环境程度的能力和减少这种复杂性的能力、具体而言，概念技能包括理解事物的相互关联性，从而找出关键影响因素的能力，确定和协调各方面关系的能力以及权衡不同方案优劣和内在的能力等。高校英语翻译中的猜词方法主要包括：①以定义为线索猜测词义；②以同义词、近义词为线索猜测词义；③以反义词和对比关系为线索猜测词义；④以列举的句子为线索猜测词义；⑤以重述为线索猜测词义；⑥以因果关系为线索猜测词义；⑦以生词所在的前后文提供的解释或说明为线索猜测词义；⑧根据普通常识、生活经验和逻辑推理推测词义。

2. 图式教学法

图式教学法就是运用图式理论，激活学生的背景知识，在大脑中形成不同的模式。图式是一些知识的片段，是大脑对过去经验积极组织，是学习者将储存的信息对新信息起作用的过程。换言之，学习者如何将这些新信息融进原储存的知识库中就是图式的过程。英语教师在教学过程中，要在传授新知识的同时，激活学生头脑中已经储存的知识结构，使新信息更容易被理解和吸收并融合到已有的图式中，从而能正确地理解所学的新知识。教师有必要在练习之前介绍翻译目标语篇的体裁、句式结构，以及语篇结构，尤其注意背景知识的提供。教师也可以根据课堂需要给学生提供一些图式，这些图式只有被激活才能正确理解语言，然后根据这些材料进行翻译。

3. 推理教学法

推理教学法源于人类的基本思维形式，即由已知判断推出未知判断。推理教学法应用到高校英语翻译教学过程中，主要是教师在教学中引导学生从已知现象推出未知现象或本质。进行英语翻译时，有些文本须借助合理的推理才能更好地理解它，涉及的思维活动包括分析、综合、演绎、归纳等。翻译时学习者在看到文本内容后，教师要引导学生根据现有的知识和经验做出推理，把文本中所有内容都联系起来，这样学生更容易充分理解每个句子。翻译时采用推理教学法可以增加信息的容量，把握事物之间的联系，促进对语言的理解。学生对某一语言的掌握，总要经过日积月累，从一些旧结论推出新结论，从而形成完整的知识框架。

---

①刘梅，彭慧，仝丹. 多元文化理念与英语教学研究［M］. 延吉：延边大学出版社，2018：184.

二、大数据技术在高校英语翻译教学中的应用

（一）大数据技术在高校英语翻译教学应用中的作用

基于全球经济一体化的发展，我国对于外语的认同程度与重视程度都明显提高，集中表现在升学考试中的外语比重与人才招聘中的应聘者外语能力两个方面。在大数据时代背景下，培养大学生英语翻译能力的重要作用体现在以下两个方面：

第一，与经济发展趋势相适应。西方国家经济发展远远超过国内，即便我国综合国力有所提高，但欧美国家对于我国的制约作用却始终存在。要想与历史发展趋势相适应，我国公民就要对欧美国家母语加以掌握，以保证可以与其流畅地交流与沟通。在这种情况下，高素质英语人才的培养作用就逐渐突显出来，为更好地参与国际交流提供了必要的保障。为此，必须要高度重视大学生英语翻译能力的培养作用。

第二，适应大学生教育需求。英语课程始终是学生所需学习的基础课程，而在学习的过程中掌握翻译技能也是学生最基本的学习任务。在接受教育开始至完成学校教育，学生始终面临着就业选择。但现代社会对于学生的英语等级要求较高，需要其具备英语等级证明，代表其具有较强的英语知识储备以及交流能力。与此同时，很多学生会选择考研抑或出国留学，使其面临较高的英语能力考核，特别是听说读写译的基本能力。但需要注意的是，知识与知识间具有相通行性所以学生必须要能够灵活转换多项技能，而翻译能力的培养对于学生英语学习能力的提升具有积极的影响。

（二）大数据技术在高校英语翻译教学中的应用对策

第一，不断丰富教学素材。在大数据时代背景下，信息的丰富性逐渐突显出来。为向高等院校学生提供高质量的教学资源与教育环境，在设置大学英语课程的过程中，就需要与学生知识接受特点以及兴趣相适应，并针对不同类型英语信息进行分类处理与整理，以保证英语知识的学习更加有序。与此同时，可以将计算机仿真技术引入其中，使学生能够在虚拟现实当中接受翻译能力训练，为其营造更加真实的环境，使其在学习的过程中能够切实地体验翻译感受，从而使自身的翻译素养不断提高。

第二，构建多元教学平台。在信息技术与计算机技术联合应用的背景下，形成了网络化远程教学模式，并构建了相应的教学平台，使得教学质量与效果明显提高，也使得学生学习的体验更加丰富，节省了教学成本支出，彰显出科学技术的优势。为此，在大数据时代背景下，英语教师也需对大数据技术加以利用，积极构建教学平台，在网络平台中上传有价值的英语知识资源，为教师教学与学生学习提供充足的资源。其中，应积极构建教师

与学生互动的平台。在此平台上，也可以创建原文作者交流平台，将学生、教师与原文作者集中于统一的交流互动平台中，以保证师生能够和现代著名的作家与文学爱好者在这一平台上自由交流并分享翻译资源与经验，确保双方的英语翻译能力得以提升，也增强了大学英语翻译课程教学的有效性。

第三，创新教学方式。众所周知，知识更新速度相对较快，所以英语教师也必须要有效地适应环境，积极转变自身教学思想，能够在课堂教学的过程中，合理地融入全新教育思想和媒介平台，激发学生学习的自主性。在英语翻译的过程中，如果学生遇到难题或者是瓶颈，仅根据教师指导而无法切实地理解并掌握特殊名词与特殊情况下的语言运用方式，将对翻译的质量与效果产生直接的影响。在这种情况下，英语教师需要不断强化英语知识和实践应用之间的联系，并针对翻译当中容易遇到的情况加以整理与分析，向学生详细地讲解，使其能够了解在不同情况下的翻译方式。在此基础上，英语教师在选取教材或者是翻译资料方面要具有较强的前瞻性意识，不仅要确保教学进度并对学生基本翻译技巧进行传授，同样需对其解决实际问题的能力加以培养，遵循社会对于人才的需求，强调培养学生实践能力的重要作用。

第四，强化英语教师培训力度。贯彻落实学校教育的过程中，教师个人的言行会直接影响学生的学习质量。在素质教育背景下，更强调学生的自主学习，但教师也一定要充分发挥其引导性作用。在日常工作中，教师也需要不断强化自身修养水平，优化自身专业教学能力，培养自我人格魅力，在多个方面对学生产生积极的影响。在此基础上，高等院校也要组织英语教师参与到翻译知识与技能培训活动当中，不断健全考核机制，优化教师专业能力。特别是东西方翻译与口笔译技巧等方面的内容，应适当地加大教育的力度。

综上所述，英语是国际性语言，伴随全球一体化的发展，我国与其他国家间的关系愈加密切，而英语则是各国交流和沟通的重要载体。在这种情况下，英语教学的重要性突显出来，特别是英语翻译，在各国交流中发挥着关键性的作用。为此，有必要深入研究并分析大学英语翻译的问题，并提出可行性的对策。

第四章

大数据技术在高校英语混合式教学中的应用

第一节 大数据时代英语混合式教学及其技术要求

一、大数据时代英语混合式教学的主要特征

大数据时代对人才的协作学习能力、交际能力以及批判性思维能力提出了更高的要求。例如，约翰逊兄弟在《合作学习》一书中提到，当面临多种学习组织形式时，推荐选择协作学习方式，并提出协作学习五要素理论：①积极的相互依赖。小组的成功与每一位成员的努力密不可分，成员之间的紧密协作才能促进学习绩效的最大化。②面对面的促进性交互。协作学习中要保证一定程度的面对面交流，促进信息的交换与加工。③个体与小组职责。小组成员之间应明确自身任务，努力完成自身职责，以确保小组整体工作的完成。④人际与小组技能。⑤小组自加工，是对小组内部活动的反思，包括对已有协作成果进行反思和修正。在学校的学习中加入协作学习的形式，可以培养学习者的协作意识，有利于提高学习者的分工与协作能力。此外协作学习还可以充分调动学生积极性、参与性，培养学生协作能力和创新能力。混合式协作学习随着计算机网络技术的发展逐渐在教育活动中成为热点。

混合式教学包括任课教师安排给学生的自主在线学习（或多媒体学习）与课堂互动两个模块。在线学习模块的内容常以教师讲课短视频、作业练习、互动交流、测验考试、通告邮件等方式向学生提供学习资料，结合泛在学习（ubiquitous learning）的特点，使学习过程实现随时化、随地化，方便学生的学习时间安排，满足个性化学习的需要，但是其片段化的学习，不利于学生将知识有机地整合，并加以应用和评价。课堂互动结合即兴学习（right on the site learning）的特点，有利于将学习体验和个人经验进行整合，通过课堂探究和讨论，加强学生思维的主动性，实现学习过程的内化。

在课堂互动环节，教师可以采取基于问题的学习方式或者基于项目的学习方式。教师

根据教学的重点或者难点，按照由浅到深的原则，有目标地设计教学问题；学生通过解决问题，将线上课程中所学习的知识应用到特定的环境中来，通过小组讨论和教师的引导，对产生的结果进行评价；学生还可以通过解决多个问题，按照归纳推理的方法，对所学知识进行归纳，从元认知的高度实现对知识的内化。根据最近发展区间原理，课堂讨论的问题既要考虑学生的学习兴趣，也要考虑学生的学习能力，这样才能充分激发学生在讨论中的活跃程度。在讨论中，也可以适当引入劣构性问题，在解决这类问题时，学生需要自主判断题目给出的条件是否适当，并通过查阅资料，找到相应的条件，如地球的质量、原子的大小等，通过建立简化模型来解决问题。对于实践性较强的课程，教师还可以开展基于项目的学习；教师根据学习目标，确定学生的学习项目，包括实验设计、课件制作、程序设计、数值模拟等。学生根据学习项目制订出相关计划书，教师和学生通过讨论确定计划书的可行性。在实验课堂上，各学习小组按照计划完成相关实验，教师帮助学生及时解决实验中可能出现的问题。完成实验后，小组按照研究结果写出研究报告，并在课堂上宣读。对于基于项目的学习，学生不仅需要运用和实践所学的知识，可能还需要将其他领域的知识整合到探究过程中，提高对知识的掌握程度。

然而，课堂讨论的时间有限，学生完全采用探究性学习的模式，其学习内容必会减少，会影响学习的成效。不同的混合模式可以将在线学习过程和课堂讨论环节有机地整合起来，教师可以采取课堂教学为主，在线学习作为补充的非翻转学习模式；或者以学生在线学习为主，课堂讨论作为补充的翻转模式，将两者的优势结合在一起，提高学生的学习效果。实施翻转课堂，教师可以采取在课堂讲重点、难点后再进行课堂讨论的部分翻转模式，或者课堂全部用于讨论的完全翻转模式。

采用翻转课堂模式，至少可以带来三个方面的益处：①实现授课、批改作业与辅导任务的分离，释放教师知识教学的劳动力，让教师的教学时间真正花费在个性化的交互中。②思辨和身教的补足。以往，教师在课堂里都是口若悬河地进行传统式教学，学生仅是被动的知识接受者，翻转课堂可以给这个问题带来转机。课堂时间一旦不再是以知识传授为主的讲课时，就可以在学生线上自主学习的基础上，聚焦到探究式的个性教学中，包括答疑解惑、深入讨论、实际操作演示甚至手把手地指导实验等。真正实现个性化的教育，才是能培养出独立思考、实践动手能力的教育，让学生接受了知识之后能有所创造。③课堂职能的转变逼迫教师必须更深入地理解课程内容，进而提升教学水平。不能想当然地认为每个教师对所讲课程的理解都是全面且深入的，当一个教师能够很好地使用别人的视频资源来授课时，在学生面前，他就由一个简单的传达者变成了一个启迪者。这个过程，对教师的教学和业务能力提出了更高要求。

二、大数据时代英语混合式教学的技术支撑

(一) 实时与异步交流技术

混合学习的形式丰富多样，通常包含混合在线与离线学习、混合自主学习与实时协作学习、混合结构化与非结构化学习等，实时与异步交流在混合学习中均得到了广泛应用。所谓实时交流，是指网络交流的参与者能够进行实时沟通，如实时聊天室、实时视频会议等，他们可以实时获得沟通信息。通过实时交流，教师和学生、学生和学生之间可以异地同时讨论、答疑、协作、分享，可开展混合结构化或非结构化学习。异步交流是指参与者之间的沟通是非实时的，如论坛、电子邮件等，参与沟通的双方或多方之间的信息发布与接收存在延迟时间。如果说实时交流解决了教师、学生之间地理空间的限制问题，那么异步交流则解决了教师、学生之间时间差异的问题，学习资源和学习时间可以被更充分、更灵活地利用。实时与异步交流为混合学习的参与者提供了灵活的沟通方式。

1. 聊天室

聊天室又名网络聊天室，是一个支持多人同时在线交流的虚拟网络社区。在同一个聊天室的人们通过广播消息、文章、语音、视频等进行实时交谈。在聊天过程中，聊天者可以实时看到其他成员的对话，也可以随时加入他们的对话。聊天室通常有固定的谈话主题，并且会有一个或多个主持人主持讨论过程。

聊天室为混合学习提供了良好的平台，有助于创设一种深度在线交互的学习方式。教师和学生可以在约定的时间进入聊天室，就某一个或多个话题展开讨论。每个讨论参与者可以看到在线者的名字和其他参与者发的帖子，可以提出问题，也可以即时回复其他人的问题。一般的网络通用聊天室不需要保存聊天记录，但支持混合学习的聊天室则需要保存聊天记录。通常网络学习管理系统（如 Blackboard 等）中都会提供聊天室工具。

2. QQ、微信即时通信

QQ、微信即时通信在国内混合学习中应用得比较普遍，其主要原因是学习者大都比较熟悉 QQ、微信，并且拥有自己的 QQ 或微信账号。QQ、微信即时通信提供了群、讨论组、视频通信、微博、QQ 空间、朋友圈、文件传送和电子邮件系统，可以即时与在线伙伴通信，交换彼此的观点和看法，提出问题或者回答问题。在集体或分组讨论、消息发布和文件传送等方面发挥着积极而重要的作用。

在混合学习中，学习者利用 QQ 或微信联系其他在线学习者，开展实时在线交流，并根据需要在学习者之间传递和分发有关学习资料。QQ 和微信通信所具有的即时性和快捷

性，尤其是其所具有的视频通信功能，为混合学习提供了良好支撑。

QQ 和微信即时通信的应用案例非常多，甚至有些学校利用 QQ 或者视频对学生进行面试，面试时教师提出问题，由学生在限定时间内就问题进行回答。当学生参与某一课程的学习时，他们通常采用讨论组的形式建立群，彼此之间通过 QQ 或微信互通信息。

3. 视频会议系统

视频会议系统（Video Conferencing System）又称会议电视系统，是指两个或两个以上不同地方的个人或群体，通过视频传输线路及多媒体设备，将声音、影像及文件资料互传，进行即时且互动的沟通，以实现会议目的的系统设备。视频会议系统隶属于实时通信系统，类似视频电话，除了能够看到与自己通话的人，并与之进行语言交流外，还能够看到他的表情和动作，使处于不同地方的人像在同一房间内进行沟通一样。

视频会议系统通常包括软件系统和硬件系统，通过现有的电信通信传输媒体，将人物的静态图像、动态图像、语音、文字、图片等多种资料分送到各个用户的计算机上，使得在地理上分散的用户，通过图形、声音等多种方式进行信息交流，模拟大家共聚一处的情境。视频会议系统可以帮助会议双方增加对内容的理解。

视频会议系统在混合学习中的应用十分广泛，尤其针对不同地理位置的学习者。借助互联网可以从事远程教学、协商和讨论交流，在提升学习者之间的沟通效率、缩减差旅成本、提高学习成效等方面具有显著优势。视频会议系统在网络远程学习中可以取代传统的面对面教学，是远程学习的一种新模式。视频会议系统在政府、法院、科技、能源、医疗、教育等领域都得到了广泛应用。

（二）虚拟现实技术

虚拟现实技术（Virtual Reality Technology，VR）是一项综合集成技术，是计算机图形学、人机交互技术、传感器技术、人机接口技术以及人工智能技术等交叉与综合的结果。利用计算机生成逼真的三维视觉、听觉、嗅觉等各种感觉，使用户通过相应的设备，自然地实现与虚拟世界的体验和交互，即利用计算机创造现实世界。与传统的实操教学相比，虚拟现实技术能够为学习者提供生动、逼真的学习环境，尤其是在某些危险、实现成本较高的现实环境下进行的操作，利用虚拟现实技术替代传统教学中的真实环境操作训练，可以较大限度地保障学习者的安全，有效降低培训成本。在虚拟课堂的学习中，学生可以按照教师的教学计划按部就班地学习，也可以自主点播学习资料、在线交流探讨，可以依据自身的个性化需求，充分运用各种方式和资源进行学习。"VR 技术为当今高校英语教学的创新与改革提供有力支撑，其在英语教学中体现出的真实性、创新性、夸张性等不同于传统英语教学的特征，均为有利于高校英语教学的表现。"①

1. 虚拟现实系统的构成

虚拟现实系统由硬件设备和系统软件构成。硬件设备主要包括跟踪系统、触觉系统、音频系统、图像生成和显示系统、可视化显示设备。跟踪系统的任务是实时检测出虚拟现实中人的头、身体和手的位置与指向，以便把这些数据反馈给控制系统，生成随视线变化的图像。跟踪系统有电磁跟踪系统、声学跟踪系统和光学跟踪系统三种类型。触觉系统是使用户能用手或身体的其他能动部分去操纵虚拟物体，并在操作的同时感受到虚拟物体的反作用力。音频系统由语音和音响合成设备、识别设备、生源定位设备所构成，通过听觉通道提供的辅助信息以加强用户对环境的感知。图像生成和显示系统是模拟虚拟对象并将其呈现在显示设备上。图像生成系统会根据用户操作在合成图像的基础上，即时生成虚拟场景。一般情况下，图形工作站用于支持图像生成和显示系统高效率工作。"可视化显示设备主要用于呈现模拟图像和环境，通常采用3D呈现方式，对清晰度、图像的连续性要求较高。"②

虚拟现实系统软件的种类非常多，主要包括面向桌面的虚拟环境系统，如VRT、VPL的RB2系统等。而面向工作站的虚拟显示软件系统通常具有更强大的功能，如SGI的VR开放平台等。虚拟现实系统在开发虚拟现实应用软件方面具有快捷、简易的特点，有利于提高开发效率。

2. 混合教学中的虚拟课堂

虚拟课堂是一种在虚拟空间创建的学习环境，是以现实课堂为原型构建起来的有组织的人工学习环境，能够使教师和学生通过计算机网络远距离地开展各种教学活动，它既具有现实课堂的一般特征，也具有自身的特性，不仅是对现实课堂的模拟、延伸与扩展，也是对现实课堂的超越与创新。如疫情期间大多数教师使用的学习通+腾讯会议就是一种虚拟课堂。

虚拟课堂教学活动根据其与现实课堂的关系可以概括为模拟现实课堂、扩展现实课堂和创新现实课堂三种类型。模拟现实课堂的教学活动分为同步直播教学和同步集体互动讨论，扩展现实课堂的教学活动分为异步点播教学、异步集体互动讨论和异步文本资料的课外自主阅读，创新现实课堂的教学活动分为以数字资源利用为主的个性化学习、以在线合作为主的小组学习和以在线群体交互为主的社会性学习。

虚拟课堂已经成为现代学校教育环境的重要组成部分，是教师教和学生学的重要场

---

① 梁颖珊. VR技术在高校英语教学中的应用研究［J］. 佳木斯职业学院学报，2019（2）：210.
② 赵建华. 混合学习应用的理论与方法［M］. 北京：中央广播电视大学出版社，2015：76.

所，是学生成长的重要环境。由于社会约束弱化，虚拟社会成为自由社会，这使得主体有可能以本能化的方式展开活动。同样，虚拟课堂也会成为激发学生学习的内在动机、提升学生创造力的有效环境。因此，现代的学校教育应该正确处理虚拟课堂与现实课堂的关系，充分发挥两种课堂在育人方面的优势，综合利用两种课堂各自的功能，形成整体的教学解决方案，实施混合学习，实现两种课堂的融合。现实课堂与虚拟课堂融合的教育方式将是信息社会中教育的主要方式。

在混合学习中，可以利用网络学习系统（如 Blackboard、学习通等）构建虚拟课堂。虚拟课堂主要利用 Blackboard 的展示工具、白板工具、聊天室工具、问题管理工具、小组工具、课程地图等构成，模拟课堂信息传递与反馈等主要功能。

3. 常见的虚拟现实系统

虚拟现实技术在培训与教育、仿真建模、计算机辅助设计与制造、可视化计算、遥控机器人、计算机艺术、先期技术和概念演示等领域得到了广泛应用。在教育中应用的典型虚拟现实系统主要包括虚拟实验室、虚拟课堂、虚拟图书馆、虚拟校园、虚拟演播室和虚拟远程教育等，它们分别具有如下作用：

(1) 虚拟实验室。虚拟现实技术能够为学习者提供动态、逼真的学习环境，如建造人体模型、计算机太空行、化合物分子结构显示等。

(2) 虚拟课堂。虚拟课堂不局限于有形的教室，它改变了课堂、教材、课件等知识传授的传统模式，在实时互动、情节化的交互式虚拟教学环境中授课。

(3) 虚拟图书馆。学习者进入虚拟图书馆翻阅各种作品和书籍，只需要使用鼠标轻轻点击对应的虚拟图书即可处于书中所描述的场景，通过虚拟现实技术在看的同时体会并感受书中的意境，并且可以与虚拟世界的作家进行交谈。

(4) 虚拟校园。虚拟校园实现校园场景的虚拟。通过与图像、声音、文字、视频等多媒体技术的结合，构建生动逼真的三维可视化虚拟校园，让浏览者仅需通过计算机和网络就能浏览整个校园，身临其境地感受学校场景。

(5) 虚拟演播室。虚拟演播系统制作的布景是合乎比例的立体设计，当摄像机移动时，虚拟的布景与前景都会出现相应的变化，从而增加了节目的真实感。

(6) 虚拟远程教育。虚拟远程教育是基于在互联网上集成声音、图像及其他多媒体技术的三维空间的远程教育中心。生动逼真的学习环境、高度的沉浸感和交互性，可使学习者更好地获取知识。

(三) 智能空间技术

应用于混合学习中的智能空间技术可以为学习者营造一种具有针对性和适应性的学习

环境。学习者在该环境中能够更加方便地获取适合自身情况的学习资源，从而使得混合学习更为便捷、高效。

1. 智能空间解读

智能空间是一个将物理世界和信息空间融合起来的重要研究领域，注重自然的人机交互，适应用户和设备的动态演化，能够帮助用户高效地完成任务。智能空间具备感知或观察、分析或推理、决策或执行三大基本功能，主要体现在两方面：一是物理世界中的物体与信息空间中的对象互相关联；二是物理世界中物体的状态变化会引发信息空间中相关联的对象状态的改变，反之亦然。其目的是建立一个以人为中心的充满计算和通信能力的空间，让计算机参与到从未涉及计算行为的活动中，让用户能像与他人一样与计算机系统发生交互，从而使用户能随时随地、透明地获得人性化服务。智能空间主要包括硬件设备、普适网络和系统软件三大部分。

硬件设备根据用途大致分为两大类：第一，用来维持正常运行的系统设备，主要包括：获取现实物理世界中环境参数（如图像、语音、温度等）的设备，如传感器节点、照相机、麦克风等；分析环境参数以捕获信息的处理器；基于推理信息做出相应决策的执行器，如扬声器、放映机、机器人等；能量供应设备，如电池、电网装置等。第二，用来提供日常服务的用户设备。主要包括：传统的输入、输出设备，如鼠标、键盘、发光二极管等；方便用户在任何地点与智能空间进行交互的无线移动设备，如个人数字助理（PDA）、手机、掌上电脑等；带有自适应性的智能设备，如智能家具、生物传感器、智能机器人等。

智能空间的明显特点是利用普适网络（pervasive networking）连接物理世界。作为一种普遍互联的环境，智能空间包含计算机、各种物体之间以不同方式产生的相互连接。智能空间的网络环境包含互联网、自组织网络、无线传感器网络等不同类型的网络。普适网络是以多种无线网和移动网接入互联网实现的异构集成网络，由用户、物理世界中的感知器、嵌入计算资源、系统提供的服务四部分共同协作构成的空间，具有移动性、多样性、间断通信、提供动态性和暂时性服务等特点。普适网络支持异构环境和多种设备的自动互联，能感知物理的传感器节点和设备，其运作过程是嵌入计算资源利用感知器的感知结果，通过计算使用户获得系统所提供的无处不在的通信服务的过程。

系统软件的作用是对智能空间中大量的物体、信息设备、计算实体进行管理，为它们之间的数据交换、消息交互、服务发现、任务协调、任务迁移等提供系统的支持。与传统分布式系统软件不同，智能空间中的系统软件包括物理集成和自发互操作两大类。

目前智能空间研究的热点主要体现在信息采集、上下文感知计算、中间件、智能决策与执行、安全性等方面。

2. 智能课堂分析

在混合学习领域中，智能教室是应用较为广泛的智能空间技术，我们可以通过在现实中的教室嵌入丰富的信息呈现设备、传感设备、感知模块和相应的计算机系统，把整个教室的三维空间增强为一个实时交互式远程学习系统的交互接口，使教师可以在运用自己熟悉的面对面教学方式来对现场学生进行授课的同时，透明地与远程学生进行交互，就像远程学生也出席在现场一样。

智能课堂又称智慧课堂（Intelligent Classroom），它集成了声音识别、计算机可视化和相关感知、通信技术、音频反映技术、特殊软件和辅助听力设备，能够利用自然接口提供与真实生活相类似的经验。智能课堂离不开高素质的教师和智能型教学设备。课堂教学设备的多媒体化、网络化和智能化是实现智能课堂的基础和前提，熟练掌握现代教育媒体和现代教学方法的高素质教师是智能课堂的保障。智能课堂通常会配置数字投影仪、计算机网络、DAD播放机、音响系统、触摸屏控制系统、电话、视频输入和文件传送器等。

智能课堂中的混合学习为学习者提供了持续的、不受时间限制的学习环境，有利于实现个性化学习。因此，基于智能课堂的教学能够比较好地解决学习者的差异性问题，为学习者公平、平等的发展提供基础，使不同学生有更多自由发挥的机会，也可以得到教师更多的指导和帮助。同时它将最大限度地满足不同类型和需要的多样化的学习者目标。适用于学习者群体，包括那些有特殊需要的学生也被考虑在内。

三、大数据时代英语混合式教学的具体要求

（一）英语混合式教学学生的要求

线上教学，可以使学生在学习时间、空间的选择上都十分自由，教师不能对学生进行有效的监管，只能凭靠学生在学习过程中的自主性。然而，大部分学生在线上学习的时候不能做到良好的自控与自律，往往会出现代课、缺勤等情况。如此一来，线上教学的实际效果将难以得到保障，为教师对学生学习的监管带来挑战，教师应该设法提高学生线上学习的自主性，提高线上教学的实效性。

（二）英语混合式教学团队的要求

教师还应不断地更新教案与课件，将教学与实时动态紧密联系在一起，使学生的学习需求得到满足。然而，每个学生的个性特征及兴趣爱好等存在一定的差异，所以教师对教学资源的整合就显得特别重要，教师应该尽可能地满足绝大多数学生的需求，为学生解答疑惑，将课程的趣味性与理论性有效结合。教师应具备较高的职业素质水平，能够将优质

的教学内容通过科学的方式传授给学生，促进学生的理解，提升学生的学习效果。教师是线上教学的实施者、承担者也是受益者。教师应具有较高的专业知识和职业素养。教师首先应该掌握本专业内丰富的理论知识；其次，应加强慕课技术的研究与掌握；最后，还应该提升自己的团队合作意识及能力。只有教师自身的职业素质水平提高了，才能使教学效果和质量得到保障，才能使学生在寓教于乐的学习中收获丰富的文化知识。

线上教师要同时满足四种角色职责：教学者、社交指导员、节目经理及技术助理。教学者的角色是要为学生学习提供咨询、引导及学习资源；社交指导员的角色是要营造一个合作的学习环境；节目经理的角色是要对线上教学活动做组织、控制程序及行政支持的工作；技术助理的角色则要协助学生顺利操作线上教学的系统、设备，并解决学生所遭遇的技术困难。

在实践中，教师带领线上教学时，依据情境要分别扮演不同的角色。有的大学将网络课程的教学工作细分为教材设计、教材制作、教学讲述、带领讨论、作业评量等项目，分别交给不同的人员来负责，所以可以将这些分担不同职责角色的人员给予不同的称呼，如线上助教、线上导师、线上引导者、线上评量者、线上会议主持人、线上活动主席等。在实务上，大部分大学往往没有可以聘用多个线上教学人员的优厚资源，大学教师对所有或大部分的线上教学工作都要一肩承担，因此，我们也只能称呼这些担任线上教学所有工作的教师为线上教师，并以所有线上教学带领应扮演的角色及担负的职责来期许线上教师了。

（三）英语混合式教学内容的要求

教学内容是课程教学的核心因素，教学内容的好坏对课程教学具有直接的影响。对此，英语慕课教学的过程中应对教学内容进行合理的编排，可以从以下方面进行安排：

第一，综合考虑课程内容的整体性、时间的安排以及知识点的完整性等，对知识内容进行合理切割。

第二，根据课程的逻辑关系，合理编排微课程，使学生能够以轻松的心态进行学习。

第二节　大数据技术在英语混合式教学模式中的应用

一、微课在英语混合式教学模式中的应用

（一）英语微课教学体系分析

随着教育的不断发展，实现教育现代化、提高教学效率、促进我国教育事业的可持续发展已经成为教育工作者必须着重探究的问题。微课作为新时期以信息技术和网络技术发展为前提的新型教学方法，紧跟科学发展和时代发展脚步，结合现代科技实施现代化教学。

由于微课教学能够针对学生当前的具体情况以及英语教学内容、教学目标、课程结构设置有效的教学内容，更符合学生的学习需要和教师的教学需求。所以，在大学阶段，微课教学已成为教师重点采用的一种教学方法。利用微课教学还能够让学生成为学习的参与者和主导者，满足不同层次学生的学习需求。此外，在大学英语教学中应用微课教学，能够进一步实现教学课堂融合网络信息，为教学理念的进一步发展和更新以及实践提供更多有利条件。

"微课"是指在课堂教学的过程中，教师会把所有的注意力聚焦于其中的一个知识点（例如课程的重点、疑点、难点）或者技能等专一的教学任务，并对其开展教学活动时所用的一种方法，这种方法有着清晰的目标、强烈的导向性、教学时间较短等特征。

微课的时间虽然相对而言比较短，但其组成成分比较完整，有主要部分和次要部分。其中的课堂教学视频是主要部分，是组成微课的重要部分，而视频的内容主要包括课堂教学过程中的难点和重点等主要内容，旨在拓展学生的思维，使得学生掌握课堂所学知识的方式变得更容易、更有效。另外，上课前的教学设计和材料课件，课中和课后的测试练习、学生反馈、教师评价等都属于微课的次要部分，这些均是促进微课得到进一步提高的辅助性的教学资源，也是一个非常重要的组成部分。

只有核心部分和辅助部分按照一定的组织关系，有序、和谐地相互配合，共同构建一个半结构化、主题化的资源单元应用的环境，才能使学生的课程更顺利、更有效地进行。与传统单一的教学资源相比，微课的教学资源种类更加多样，但它们既有区别，又有联系。换言之，微课是以传统教学资源为模板，对其进行一些创新和开发而形成的。

1. 微课的特点分析

（1）主题突出、内容具体。每个课程的微课，研究的主题只有一个，选择的主题要始终围绕着教育教学的具体实践，如突破教学难点、教育教学观点、学习策略、强调重点、教学方法等都可以作为研究的主题，同时也可以选用那些具体的、真实的问题。

（2）基层研究、趣味创作。微课的课程对课程开发人员的要求不高，基本上任何人都可以成为课程开发人员。此外，从课程研究与开发的目的来看，是帮助学生和教师紧密联系教学目标、教学内容和教学手段来完成教学。因此，创作的内容对于教师而言，必须是其熟悉的、有趣的、可解的问题。

（3）资源容量较小。微课视频的容量相对较小，其容量（包含辅助性资源）一般仅有十几兆。因此，微课视频不仅可以支持网络在线播放，还可以下载到手机上随时随地观看。因此，无论是教师在线观摩、评课，还是课后反思、研究都是极其方便的。

（4）教学内容较少。微课教学的主线为片段视频，主要对课堂教学过程中的某一学科知识点进行重点强调，而传统的课堂教学一节课需要完成的内容有很多并且比较复杂。相对而言，微课的内容就比较简单、准确、突出主题的速度快，更与教师的需求相适应。

（5）教学时间较短。微课的教学时间是依据学生的认知特点和规律来制定的。由于学生集中注意力的时间相对较短，微课的视频内容相对精确、简单，有着鲜明的主题。因此，其教学视频时间通常为5~8分钟。与传统教学相比，微课的教学时间确实非常短，因此也可以称之为"课例片段""微课例"。

（6）教学方式不"碎片化"。虽然微课的视频时间短，每个课程也就研究一个主题，没有复杂的课程体系、教学目标和教学对象，但是，微课所针对的人群就是教师和学生，这是固定的，而且它传递的知识也是具有系统性和全面性的，因此，它并不是"碎片化"的教学方式。

（7）反馈及时、针对性强。微课的视频剪辑时间短。在短时间内，开展"无学生班"活动。参与者可以及时听到他人对其教学行为的评价，并获得反馈信息。但与正常的信息反馈相比，这种听课、评课更为及时，即根据当前内容及时进行反馈。因为这是课前小组的"预演"，每个学生都可以参加。

2. 微课的具体分类

根据教学过程中的主要环节而言，微课可分为：课前的复习、新课的导入、知识的理解、巩固练习、拓展小结。与教育教学相关的其他类型的微课有：说课类、活动类、实践类、班会课类等。此外，根据教学方法来划分，微课还可以分为：探究学习类、合作学习类、讲授类、讨论类、问答类、自主学习类、启发类、演示类、练习类、实验类、表演类等。此外，还需要注意：微课的分类标准不唯一，它可以对应于一种类型的微类，也可以属于两种或两种以上类型的微类的组合。微课的类型不是固定不变的。随着现代教学理论的发展，教师的教学方法将不断创新，微课的类型将在教师的实践中不断完善。

3. 微课的设计原则

大学英语教师要适应信息时代的发展和教学模式的变化，必须学会自主设计和制作微课，在这个过程中，需要遵守以下规则：

（1）课程开始时，教师应向学生做自我介绍，使他们对教师有一个基本的了解。

（2）切记微课用户是学生，所以在设计和制作时，教师应该考虑怎样的知识和表现方法可以让他们更容易理解。

（3）在课程开始时，教师应向学生明确介绍课程的评价方法，使学生在学习过程中有证据，并根据本节课的教学目标进行学习。

（4）一个微课最好只讲一个相关知识点，所以时间不能太长，要尽量短，以抓住学生注意力的最佳时间，一般要求不超过10分钟。

（5）无论讲解怎样内容，即使很简单，也不要轻易跳过教学步骤。如果课程内容比较复杂，在必要时教师可以向学生提供提示性信息。

（6）为了给学生不同的活动留一个转入的空间和时间，在微课过程中要适当设置暂停，或者后续活动的提示。

（7）对于一些重要的概念，教师需要让学生有一个正确的、清晰的认识，对于它的基本概念和原理都要清楚；对于一些关键技能，也要清楚地告诉学生哪些时候能用、哪些时候不能用、应该如何用等。

（8）只有教师的讲解，会使师生之间的互动减少，并且传统教学模式的缺点也会继续保留。因此，在微课程上，可以允许学生适当提问，但要对所提问题的重要性做出合理安排。这样可以增强师生之间的互动，提高学生的思维能力。

（9）教师不容易说清楚的部分可以用字幕补充，但是不要长篇大论，增加学生的阅读负担，只需列出相应的关键词即可。

（10）当一个课程结束后，教师要进行适当的总结，要达到能帮助学生梳理知识学习的思路，强调知识重难点的效果。

（11）留心学习其他领域的设计经验，从中找到可以借鉴的创意，进而找到自己的立足点，进行创新。

（12）细节对课程的影响很大。教师处理好细节可以使整体工作看起来更加完美；反之，会降低微课程的效率。

此外，大学英语教师在教学过程中还要充分注意微课的细节，如鼠标不应在屏幕上晃动；字体和背景的颜色要很好地匹配；录制视频要安静、无噪音，保证学生在更好的环境中学习。

4. 微课的具体评价

微课的具体评价主要有以下标准：

（1）聚焦。在学习过程中，对于学生能够通过自主学习解决的问题，教师就不需要制作微课程了；而对于那些不经过老师讲解，通过自主学习无法解决的问题（如重点、难点或者易错点），是制作微课程的一个重要方面。

（2）简要。在传统的课堂上，虽然一堂课有40或45分钟，但学生真正专注的时间并不长。因此，要想使这种低效的教学模式有所改善，微课程应该准确把握学生注意力集中的最佳时间段，简单、明了地总结要讲的重点和难点以及需要重点强调的知识点，时间不得多于10分钟。

（3）清晰。微课程通常包含文字、图片、视频图像等很多形式的内容，其中包括视频内容的学术语言。要使学习内容清晰、完整地呈现在学生面前，达到良好的学习效果，就必须规范、合理、清晰。

（4）合理。技术的合理使用有助于提高学生的学习效率，但技术的滥用也会使学生的注意力有所分散，产生不良影响。因此，在技术选择上，应针对不同的课题选择合适的方法和途径，使信息技术得到合理的利用。

（5）创新。对教育结果有所影响的因素有很多，如教育理念、教学模式、教学策略、技术运用等。因此，还应从多角度考虑创新，使学生的学习兴趣得到激发，有助于学生对学习内容进行更有效的理解。

5. 微课的教学策略

微课是大学重点推广和全面运用的一种教学方法，大学英语教师需要在教学中，充分掌握微课的特点内涵以及对英语教学工作开展的重要性和必要性，从而制定有效措施，提高自身职业素养和专业技能，实现微课在大学英语教学中的应用。

（1）创新英语微课教学的设计。

第一，大学英语教师应树立正确的微课教学观念，明确微课的教学目标，明确微课作为一种全新的教学工具，通过教师转变传统的教学理念，寻求正确的方式和方法，充分利用微课优势，使用计算机资源搜集相关信息，对信息进行整合设计，结合大学英语教学目标，将知识以更加新颖的方式传递给学生。

第二，教师应灵活运用多媒体技术，对英语教材进行深入研究，找出英语教学中的难点和重点,对教材内容进行分解组合,将每一个知识点进行有效串联,从而制作出符合学生学习需求的微课。

第三,教师应充分利用微课创设有趣的教学情境,立足学生的学习兴趣和英语教学目标,实现学生在"学中做""做中学"。例如,教师可以针对课前课程导入、课中学习以及课后复习三个层次,利用微课声音、图片、影像的方式创建相应情境,让学生在情境中,在不同的阶段进行英语知识的学习和理解。

(2) 完善英语微课教学的模式。具体而言,微课的教学模式主要可以分为共享式的资源运用、网络化的教学实践以及多元化和全面的评价反馈。

第一,共享式资源运用。在大学英语微课教学中,大学英语教师应该充分掌握微课教学模式,对相关教学资源进行有效把握,将微课理解成为一种资源的整合。根据实际教学内容以及学生的学习需求,整合当前网络中的各种信息,通过截取后期制作的方式,使网络资源和教学内容实现有机结合。例如,在进行语法教学过程中,教师可以在网络上截取合适的语法教学资源作为课件,通过学生当前的英语学习状况,根据不同的语法知识点收集不同的资源,使英语语法的呈现更加多样化、系统化、科学化、形象化和具体化,让学生在学习相关语法知识时有更多的参考依据,让学生能够在丰富的资源中进行英语知识的学习。

第二,网络化教学实践。立足于互联网大背景下的英语教学,使学生能够利用手机等智能终端应用学习软件,在这些设备的辅助下,让学生进行英语知识的学习,让大学英语知识的学习走出课堂,真正进入学生的课余生活中,甚至是学生今后的社会生活。

第三,多元化和全面的评价反馈。任何一种教学模式都必须实现信息的双向交流,具体到英语教学中,是指英语教师和学生之间的交流、教师对学生的评价、学生对教师教学方法的反馈和评价等,通过构建双向的信息交流,使评价更具多元性、具体性和科学性。

(3) 提高教师微课运用的能力。微课教学不仅是一个简单的视频,还是融合所有对课堂教学有利的资源整合,英语微课在制作过程中必须体现出大学英语教师的专业素养。例如,对于"company"单词的教学,教师在制作微课时,可以分别对商号、公司、聚会、客人、连队、中队等不同的词义制定相对应的教学视频,只有专业的讲解,才能够凸显教育资源的积极作用,让学生更好地理解,促进学生的英语专业学习和英语实践。

总而言之,大学英语教学中,充分有效地运用微课教学方式非常重要。微课教学是创新大学英语教学方法的有效措施,教师需要设计精巧的微课课件,激发学生的学习兴趣,从而获得更好的大学英语教学效果。

(二) 基于微课的英语混合式教学模式构建

"互联网+"时代的到来,推动现代化信息技术不断发展,"互联网+教育"的教学模式打破传统教育的时空界限，为大学英语课堂教学开辟了更多教学途径，微课的混合式教学模式更具实效性，为大学生提供了互动式的教学情境，激发了学生学习兴趣。因此，大学的教育教学改革应当提升到改革战略位置，通过信息技术与课堂教学的融合，推动大学英语课堂的高效构建。

1. 基于微课的英语混合式教学模式构建意义

（1）培养学生兴趣，增强学生自主学习能力。微课的大学英语混合式教学模式通过发挥学生的主观能动性参与合作探究、巩固所学、反思总结，对于培养学生的自主探究能力、拓展思维空间能力具有重要现实意义。学生可以根据自身实际需求和时间合理安排微课学习时间，以网络平台为导向的"线上+线下"的大学英语混合式教学模式将素质教育作为重要导向，重点培养学生的英语实际应用能力和专业技能，促进学生思维、品质、综合能力的提升。教师借助 PPT 微课、慕课、蓝墨云班等教育资源，提供自主学习相关知识，更好地推动线下教学的改进。

（2）促进教师角色的转变，加强课堂的互动。教师作为传统的课堂教学中知识的传授者和主体，学生被动地接受知识灌输。在微课的混合式教学模式下，教师逐渐转变自身角色，准确定位自身位置，在课堂教学中增设更多互动性环节，促进师生之间的沟通交流，从知识的主体者转变为课堂中的引导者和解惑者，注重问题的引导，逐渐推进大学英语课堂教学向互动型模式转变，推动大学理论教学与实践教学的有效衔接，带动学生课堂学习的参与度和积极性，有效提升了学生的学习能力和兴趣。

（3）推动教育教学体系的改革，注重专业人才的培养。基于教育教学改革的不断推进，大学教育教学改革步伐不断向前推进，将专业人才的培养作为教育教学的最终目标，在微课的混合式教学模式影响下，促进大学英语课程体系的构建，丰富大学英语教学资源，加快转变教师的教学模式和教学手段，促进课堂教学的多元化，结合学生兴趣爱好和专业实际进行课程设计，更好地实施教学任务，从根本上推动教学课程内容的改革，促进大学生英语学科核心素养的形成。

2. 基于微课的英语混合式教学模式具体构建

（1）英语课前准备。在传统教学模式的基础上，教师在开展微课的混合教学模式时，对教学环境、教学对象、教学内容进行实际分析，课程设计尽可能结合学情特点，熟悉多媒体设备。明确掌握大学生的个性化特征和英语基础水平，组织开展学生座谈会，了解学生内心真实想法和英语学习需求，从而制订明确的教学方案和教学计划，以期通过微课导课的教学方式提升线下课堂教学效果。

在大学英语课堂具体教学中，教师利用微课辅助教学，通过转变教学方法，加强学生的课上体验、问题引导、课内体验、课堂提升等环节，加强课堂互动效果，培养学生的学习兴趣，结合微课视频带给学生直观的视听感受，加深学生对知识的理解记忆。通过教师的课堂引导，积极思考探究，整个课程设计需要教师和学生做好充分的课堂准备，包括教学设计、微课制作等，进一步探索大学英语课堂中课题漫谈的可实践性，不断推动大学英语课堂教学向多元化方向发展。

（2）英语线上教学。线上教学作为线下教学模式的延伸，促进学生和教师相互配合，共同参与完成教学任务，教师将制作好的教学视频上传到班级的 QQ 群、微信群、雨课堂、学习通等网络平台。根据具体教学内容布置教学任务，学生在线上学习过程中能够随时进行问题反馈，教师要及时给予问题反馈、线上答疑，并根据学生的阶段性学习情况进行归纳总结，及时调整线上教学中的不足之处，并且教师可以通过设计任务点进行学生学习进度的跟踪，明确掌握学生的学习动态。

（3）英语线下教学。线下教学较比传统教学模式更具灵活性，学生通过线上视频的反复观看、巩固课上知识，通过回顾课堂小结、突出重点问题，强化学生记忆，并且加强学生之间的沟通交流。在微课课后内容设置上，结合学生能够接受的难易程度进行课程调节，加强知识的横向、纵向延伸，增设专业前沿知识，激发学生课后对知识的探究欲望，在微课的实践应用中，可以通过示范演示，加强学生对知识要点的归纳。

（4）英语评价反馈。教师在作业布置上可以将线上作业与线下作业相结合，对学生的作业进行批改和点评，评价机制作为线上线下的混合式教学模式实际的应用效果，能够在学生的不断探究中弥补不足，促进线上教学模式的健康长远发展，为线下教学的顺利开展夯实基础。

二、慕课在英语混合式教学模式中的应用

（一）英语慕课教学体系分析

慕课的出现，为大学英语教学改革带来了机遇。慕课一个比较大的优势就是资源的免费，那些无法享受到高质量教学资源的学习者就可以借助慕课平台完成相应的学习，同时，其还可以根据自己的学习进度与学习能力制订学习计划。学习成绩好的学生可以搜索更难的资料以实现自己的进一步成长，而成绩相对不高的学生则可以通过搜索简单的资料巩固基础知识。

相比视频公开课等其他在线教育模式，慕课有着三方面特点：第一，慕课课程规定有严格的学习时间，课程上传完成后，学习者必须准时完成章节学习及其配套的作业、考试和互评等；第二，慕课的教学资源需要精心准备，资源内容比较丰富，选择多，精心准备

的资源能确保课程的顺利开展；第三，正式的考评认证机制，与其他网络教育模式不同，慕课课程的考评机制比较正规，因此可为学习者提供学习成果的相关认证，在院校、企事业单位等具有很高的认可度。

1. 慕课的特点分析

（1）自主性特点。慕课网络课程学习的全过程就是在线完成的，具体而言，就是事先录制好视频，然后上传到网络平台，学习者通过搜索找到自己想要了解的那部分资源进行在线学习。此时，学习者的网络在线学习是可以不接受教师指导的，具有很强的自主性，他们借助网络可以自行在慕课平台上寻找自己想要的资料，这样慕课平台就推动了学生的个性化学习，同时，也有利于学生自主学习能力的提高。另外，慕课还有一个比较大的优势，就是其可以将学习者的碎片时间进行最大效率的利用。

（2）互动性特点。与传统课堂教学相比，慕课在线网络课堂教学这种网络教学模式有着其突出教学的优势，因此，一经推出就获得了许多学习者的喜爱。慕课在强调学习者自主学习的同时，也强调互动，因此，慕课平台上会有许多的线上交互工具，如人们熟悉的留言板、问答社区等，当学习者对某一知识点产生疑问时，就可以通过线上交互工具向资源上传者或者同类知识学习者提问，在获得答案之后，也可以与其一起讨论，这样学习者就能更加高效地丰富自身的知识结构体系。

（3）开放性特点。传统课堂教学相对比较丰富，慕课由于依靠互联网，所以其学习资源具有很大的开放性，所有资源都是面向所有人的，只要是网络平台上的用户都可以下载相关资源。在慕课平台上学习的入学门槛不高，只要有网络，平台上的免费资源都可以供学习者学习，这为那些身处教育资源较少地方的学生提供了更多的、高质量的学习资料。学习者只要热爱学习、拥有网络，那么就能随时随地地学习。需要注意的是，学习者在慕课平台上下载学习资源时其是一个知识的消费者，而当其向平台中上传资源时其就成了知识的生产者。可见，从本质上而言，慕课确实是一个比较开放的学习平台，所有学习者都可以在上面获取、整理以及分享知识，它满足了人们在信息时代与知识时代的双重需求。

（4）大规模特点。慕课是一种网络教学模式，它在网络教育平台上有着大规模的特征，这种大规模主要体现在三个方面：第一，参与课程的学生数量比较多；第二，由于用户可以随时随地上传数据，因此平台数据量颇大；第三，参与慕课课程建设的高校以及教学团队较多。传统课堂的场所就是学校的教室，教学场所固定、有限制，这就对参与教学的人数有了限制，但在慕课在线网络课堂上，学习者的人数是不会被限制的，只要有网络，全世界范围内的人都可以在相应的网络平台上选课学习。慕课能为学习者提供海量的学习资源，它包括社会科学知识，也包括理科知识，能为不同专业的学习者提供学习指导。

2. 慕课的教学优势

随着慕课模式在全国高等教育领域的深化普及，其强调自主学习为主的教学理念在潜移默化中改变着高校的教学方式。慕课热潮的来袭有助于推动高等教育的内涵式发展，为社会培养应用型复合人才。相对于传统课堂教学模式和一般的网络课程，慕课主要具有以下优势：

（1）带来广泛、优质、模态化的教育资源。慕课的显著特征主要表现在三个方面：①大规模、开放性。慕课打破了常规教育的人数、时间和地域限制，学生不必严格根据课程时间安排到特定的实地课堂中接受教师传授知识，既支持学生随时随地随身学习，又支持大批量学生同时段学习，从一定程度上有效激发学生的学习热情和兴趣，能够更加积极主动地投入学习中。②资源透明性。慕课课程的学习内容全凭学生爱好与需求自主选择，可以在特定时间段内完成学习过程、提交随堂作业、参与知识考核，而且一切的教学资源都是透明公开的，整个学习考核过程公平、公正，对所有学生一视同仁。③资源丰富性。慕课基于全球互联网平台搭建而成，汇聚世界范围内的各类优秀教学资源，信息庞大，内容丰富，学生简单注册账号以后，可以免费享用资源，足不出户就能享受到世界名师的指导。

慕课课程内容打破了传统学科限制，强调知识信息的综合性、实用性和普遍适用性，从各个领域的先进理论、实用性知识到各种生活健康常识等应有尽有。同时，有效实现各个高校之间的资源互通和互补，促进顶级高校资源向普通高校的共享流动，弥补我国高校资源分布不均的现状，更有利于人才综合素养的提高和高等教育的整体性发展。例如，普通高校可以通过注册北大慕课平台，获取其优秀的教学资源。慕课课程的大力开发，将极大地改观现有教学观念和教学模式，极大地促进应用型高校的教学水平。

慕课课程的内容通常利用视频形式体现，由相关专业的教师团队经过反复斟酌、精心研究确立而成。大多数的视频主讲教师都是知名学校的顶尖教师，雄厚的师资力量确保了其课程内容设置更加合理，讲解质量更好，学生接受度更高。

慕课的课程设计有效利用模块形式，体现出各个课程的特色。把完整的知识体系按照内容分解成一批相对独立的小模块，让内容条理更加分明，且重点突出，一目了然，并借助10分钟的视频，将其具体表现出来，有效地集中学生的学习注意力，帮助学生更好地理解和记忆知识。

（2）体现以学生为中心的教育理念。

第一，兼顾不同学习能力。传统课堂教学着重强调教师的"教"，教师按照统一的课程内容和进度要求一对多地进行知识的讲授和传输，这种教学模式难以顾及每个学生的能力和需求。慕课则不同,学生可以自主选择与自身能力相符合的课程知识,自己安排学习计划和进程,还可以重复回放视频课程,反复学习知识难点和重点,进而提升学习效果。

第二,满足不同学习方式。慕课的学生用户可以利用特定的论坛、网站等平台,与教师和其他学生进行实时交流和互动,互帮互助,一起解决学习过程中遇到的困难和问题。同时,利用课程视频中的测试题、线上测试题、线下作业等方式检测学习效果,强化知识的理解和记忆;利用教材注释、虚拟实验室等辅助工具,随堂记录课程内容和学习心得,对需要做实验的课程进行在线模拟实验;利用教师、其他学生和自己的评价综合考虑学习结果,及时发现不足,有针对性地修改,从而不断提高学习效果。

第三,随时随地灵活选择。传统教学方式有严格的课程安排和时间、地点规定。慕课完全打破固化模式,课程时间比较灵活,且没有地域限制,学生可以根据自身需求自由规划学习时间,确保在相对良好的环境下完成学习。

3. 慕课的教学功能

(1)根据学习者慕课学习情况,适当调整课堂教学内容。慕课的一大特点就是允许学习者根据自己的实际情况制订学习计划。具体而言,可以在三方面做出改变:①教师要关注学生在慕课课堂上的表现,对于学生在课堂上提出的问题要能够给予及时的解答;②教师要主动进行调研工作,总结学生在英语学习过程中遇到的问题,找到解决之策,从而在后续教学过程中对不同的问题予以适当强化;③在慕课课堂上,学生的作业评价主要是通过其同伴来实现的,但学生一般都非常希望教师能给予自己合理的评价。因此,教师应该在以后的慕课教学中,多给予学生作业适当的评价。

(2)依托国际慕课,激励学生学好大学英语。语言障碍一直都是学生无法较好地完成慕课学习的原因。所以,英语教师应该抓住解决这一问题的机会,鼓励学生积极学习国际慕课,这样,学生英语环境有所改善,其英语水平也会有质的提高,更是会激起其学习英语的兴趣。

(3)根据慕课课程需要,适当调整大学英语课程体系。每个高校可根据自身发展以及学生对慕课学习的热情状况,设置"大学通用英语+大学英语后续课程"的课程体系。

4. 慕课的教学创新

慕课教学实现了高水平大学教学资源受众的规模化和全球化,拓展了传统高等教育的知识传授链,同时慕课教学模式具有小视频配合相应的即时在线测试开展课程教学、模板化的课程结构易于工程化复制等独特优势,可以预测慕课教育将对应用型高校整体办学水平、教学模式带来质的变化。

随着慕课的快速推进,给高校的课堂教学改革带来了新的机遇和挑战。要求管理者要搭建更高效的资源共享平台促进课堂教学。教师需要重建课堂教学理念，确立新的教学目标，重新组织课堂教学过程并更加注重过程化、多元化的考核方式。与此同时，教师要做好由同一化培养到个性化培养的转变，由课堂教学到多平台教学的转变，由单行灌输到多向互动的转变，由人工教学管理方式向智能化教学管理方式的转变。

（1）创建有效平台，强化教学资源共享。慕课是新近涌现出来的在线课程开发模式，发端于过去的发布资源、学习管理系统以及将学习管理系统与更多开放网络资源综合起来的旧有课程开发模式。慕课的定义决定了慕课的运作需要借助平台运行，而社会层面和学校层面两个平台很重要，两个平台的良好运作有助于促进优质教学资源在全社会范围内共享，有利于实现教学改革目标。

第一，搭建慕课平台。由于师资力量不同，普通高校和名校之间的差距越来越大。如何实现我国整体教育质量的提升是目前教育界的主要工作。开展慕课建设，推动课堂教学，可以实现区域高等教育水平的整体提升。搭建以慕课联盟为基础的学习平台，要摒弃以往资源共享会削弱自身教育实力的观念，在资源共享过程中不断增强教学优势的互补，以实现共建、共享的教育科学理念。

第二，加强校内网络平台建设。从目前来看，在各级政府投入和高校自身争取下，各高校分别建立了属于本地区高校的慕课平台，但是内部网络建设水平仍待提高。

（2）加强过程评价，重视实际教学效果。在慕课时代下，高校在课程改革过程中应注重评价方式的多样化。

第一，重构课堂教学目标。慕课背景下，学习由于可以不受时间、地点限制，学生通过网络在线学习平台提升自主学习能力，实现教学目标。传统的教学课堂只是单纯地在课堂或者单一时间内把知识和技能教给学生，学生的长时记忆受到限制，不利于学生对知识和技能的消化。慕课背景下，翻转课堂成为可能，学生可以不受时间限制，课上不理解的内容可以在线上反复学习，教师的互动交流也成为可能，反过来学生在线上的学习也可以拿到课堂师生共同学习。

第二，重构课堂教学实施过程。课前预习、课堂讨论、课后深化成为慕课重构课堂的新模式。新的教学模式，需要教师备课，也需要与时俱进。学生成为课堂备课的主体，不同的学生、不同的在线状态都需要备课教师的思考，课堂的讨论需要教师准备充分的资料，课后的深化同样需要教师角色的转变。所以，网络教学是新事物，也是旧事物，无论课堂模式如何变化，最终需要学生学会学习。

第三，重构课堂教学评价模式。慕课背景下的课堂教学更加注重过程，教学过程是重点。学生的学不局限在几十分钟内，而是对知识的理解是否扎实，考查学生的理解需要更多元的方式，例如可以借助网络进行日常作业，或者网络研讨等。在新的教育教学方式背景下，教师应该在传统评价机制基础上融合创新，注重过程的评价，实现最终的学习成果。

（3）发挥慕课优势，促进课堂教学转变。由于慕课解决了传统教学受时间、地点限制的问题，提升了学生的综合能力，教师要熟练掌握慕课的开发和管理，调整课堂教学知识结构，利用慕课资源。教学改革中要充分发挥慕课优势，实现教学方式的优势互补，促进教学质量提升，实现应用型人才培养目标。慕课教学需要实现以下三方面的转变：

第一，课程教学方式的转变。传统课程教学方式较为单一，师生之间缺乏交流，慕课打破了时空限制，师生可以通过博客、微信等实现知识交流，丰富教学方式。无论是传统课堂还是新方式的网络课堂，师生的交流都占有重要角色，没有交流的课堂不是成功的课堂，线上课堂可以帮助学生更好地向教师请教。

第二，人才培养方式转变。传统课堂教学模式是以班级为整体进行教学内容传授，忽略学生基础和学习能力差别，难以调动部分学生的学习积极性。慕课背景下，教师需要尊重学生的差异性，增强教学内容的针对性，重视激发学生学习的主动性，由教师被动的教学变成学生充满兴趣主动地接受新的知识。相对于传统的教学方式，慕课教学更侧重于学生个性化需求。

第三，教学管理方式的转变。慕课教学平台的创设实现了有纸化向无纸化、人工化向智能化教学管理方式的转变，教材、笔记、作业等以电子资料形式呈现，考试可通过网络在线进行。此种环境下，教师要不断提高自身计算机应用能力，并实时更新教育方式和观念，促进学生综合素质提高，而作为学校的管理者，也需要积极与社会接轨、与时俱进，选择更先进的教学理念，更新既有的传统观念。

（4）推进课堂改革，提升教学管理水平。教学管理者的角色应该由管理者向教学和课程服务转变。高校管理者应该充分发挥师资优势，为学生提供更加优质和差异性教学服务，同时为教师提供最便捷的网络应用服务。第一，利用学校互联网大数据对学生的学进行差异性分析，为学生制定个性化教学方法，真正做到因人而异、因材施教；第二，多样化教学服务，充分利用互联网信息技术，通过学生端为学生提供更优质的教学服务、课题选择、教师选择、研究讨论等，通过个性化差异化的算法服务，真正高效有序地推进教学改革。

传统课堂能容纳的学生有限，但慕课可以涉及很多学生。在传统课堂教学模式中，大规模是极大的负担，但在慕课环境下，大规模却是一种教学资源。慕课的兴起是因为其有实体课堂没有的优势，如学习没有时空限制和门槛限制、没有班级人数限制、名师授课、以学生为中心的教学模式、科学的教学设计等。因此，慕课与实体课堂各有优势和不足，两者的结合是未来教育改革的方向。

(二) 基于慕课的英语混合式教学模式构建

随着信息技术与教育融合的逐步深化,慕课已经在线上教学和混合式教学中扮演了越来越重要的角色。基于慕课的大学英语教学环境复杂,要素浩繁而又相互联系、相互依存并相互作用。从语言生态学视角对大学英语混合式教学环境中的各要素进行系统的梳理和整合,构建了大学英语混合式教学生态模式和生态评价体系,以便能够把握教学生态变化的规律及特征、建构完善的教学机制,以便保证和提高教学质量。大学英语混合式教学生态模式的构建是我国外语教育发展的新形式、新特点,能够推动教育生态环境和谐、持续地发展。

1. 基于慕课的英语混合式教学模式构建意义

大学英语慕课是基于现代教育信息技术的学生线上自学、线下课堂中反馈答疑并教师辅导相结合的一种新型的教学模式,慕课发展速度惊人,对全球高等教育产生了前所未有的影响。慕课借助信息技术的优势,弥补了高校传统教学模式的时空限制,是信息技术与高等教育深度融合的重要途径之一。许多高校以慕课建设为抓手,推动信息技术与外语教育教学的互通融合,不管是纯线上教学,还是线上、线下混合式教学模式,慕课都已经在高等教育教学中充当了至关重要的角色,且已经逐渐渗透到高等教育的课堂教学、课程设置、培养方案等各个教学的环节中。由此可见,大学英语慕课具有开放性、即时性、便捷性等特点,打破了时空的限制,使学习者随时随地都可以通过移动电子设备或电脑进行学习。基于大数据的慕课平台能够及时提供学习数据,并对学习者的学习情况进行分析,不但能保留过程性考核材料,而且又能让教师及时更新和完善教学内容和学习者调整学习计划及学习方式等。

2. 基于慕课的英语混合式教学生态模式构建

混合式教学模式不是线上和线下简单的相加,而是由浅入深,层层递进,具有紧密的内在逻辑关系,应发挥互补优势,以便达到深度融合。混合式教学的学习环境是生态的,语言学习活动的目标虽然是由教师来设计,但学习者才是知识建构的主人翁。混合式学习环境下的大学英语学习意味着学习资源更加丰富,学习计划更加自主,学习方式更加个性化,这对于学生来说也不是件容易的事情。线上、线下教学环境涉及因素繁多,需要重新构建和谐的教学生态环境,使得各要素之间发挥相互的作用。

(1) 语言生态学与英语混合式教学。语言生态学认为语言和其所处环境之间的关系犹如自然界各生物与其所处环境之间的关系。由此可见,语言也应该有自己的生态环境,并受到来自生态环境中的各种因素的影响和作用,包括使用此语言的社会和人。因此,语言生态学研究的是一个特定语言和其所处环境之间的相互关系和作用。教育信息化时代，混合式教学把学习环境看作是生态的，其教学生态环境复杂多元，因此，需要考察大学英语混合式教学系统中的诸要素与周围环境之间的联系及相互作用，把握教学生态变化规律和特征，重新构建生态化大学英语混合式教学模式，使其能够和谐、良性地向前发展。

（2）英语混合式教学生态模式建构。语言生态学视域下大学英语混合式教学生态环境包括教师、学生及教学环境三大要素。三要素之间相辅相成，相互发挥着作用，并有着各自的构件和内涵，共同构建了大学英语教学生态系统。大学英语教学活动受到教学生态环境多元因素的影响。基于慕课的大学英语混合式教学使得整个教学环境因素更加复杂多元，而原有的教学生态平衡被打破，各环节失调，需要重新梳理系统中的诸要素，以便构建清晰的生态化教学模式，彰显各要素之间的动态平衡及内在的逻辑关系。

在大学英语教学的生态系统中，教师是生态主体，学生是生态客体，教学生态环境是主客体之间的中介。教师通过教学环境中的各种媒介对学生进行知识传授。教师作为生态主体，是整个教学活动的策划者和引领者，其职业道德、教学理念、业务能力、信息素养、对学生的情感态度以及多元的教学方法和个性化的教学模式等在大学英语教学中均发挥着重要的作用。学生作为生态客体，其态度、动机、自主学习及自律能力、信息素养能力、学习策略及团队合作能力等均某种程度上影响着其学习效率和学习效果。而教学环境作为大学英语混合教学的媒介，包括线上教学环境、线下教学环境及社会文化环境。线上教学环境包括慕课平台、慕课视频、课程配套资源、师生互动平台、线上管理及学习效果的评价等；线下教学环境要素分为教学硬件和教学软件，其中硬件包括校园网、图书馆、多媒体教室及自主学习中心等教学设施，软件包括课程教学大纲、课程设计、线下教学资源、教学管理及教学评价。而社会文化环境属于教学活动之外的较为宏观的因素，对教学亦发挥着一定的影响和作用。其中，国际环境和社会环境是基于对学习者的需求，并能够为其提供机会和条件的外部因素，而家庭环境主要是学习者的家庭背景和期望，并对其提供精神和物资方面的支持。

（3）英语混合式教学生态评价体系建构。基于慕课的线上教学模式尽管已经成为高校教育的一种趋势，但线上教学管理及评价机制一直是摆在大家面前的问题。线上教学由于缺乏对学习者行为的有效监控，使得教学质量备受质疑，目前有些高校还在持观望的态度。因此，大学英语混合式教学需要构建一套合理有效的教学评价体系，不仅要对学生的学习效果进行评价，而且要对主讲教师的线上、线下教学能力及效果进行考核，以便建立"多维评价机制"来保障线上的教学质量。

大学英语教学质量评价体系既包括对学生学习效果的评价，又包括对教师教学能力的评价。首先，教师的评价包括考核组评价、教师自我评价和学生评价三大要素。其中，考核组需要基于生态视角对教师线上和线下教学的各个环节进行评价,包括教师线上课程公告数、发帖数、与学生互动数及批改作业数,并结合线下教学态度、业务能力、教学设计及教学手段等要素。教师本人亦需要通过教学日志、教学反思及教学总结对自己的教学做出客观的评价。学生也需根据教师的教学态度、责任心、教学方法及教学设计等方面对教师做出客观的评价。其次,对学生学习效果的评价同样需要基于生态化的形成性评价和终结性评价相结合的方式进行。任课老师对学生的评价需结合学生线上、线下学习中的各种行为表现,如线上签到频次、视频学习时长、平台互动参与率、线上作业完成情况和测试结果等,以及线下上课出勤率、课堂参与度、与线上知识学习的衔接度、课堂笔记、课后作业及期末考试等因素。除此之外,学生本人也需要根据学习过程的各种记录对自己的学习给出客观的评价。

总而言之,大学英语教学需要系统地整合教学生态环境中的各种要素,构建和保持混合式教学环境的生态平衡,推动线上、线下教学的深度融合,并健康和谐地发展。混合式教学成功的关键在于学习者的学习态度、自主性、学习动机等。从认知学习理论视角看,人是学习的主体,具有主动学习的特点,通过习得语言来协调个体行为与社会环境之间的关系。因此,教师首先应指导学生端正良好的学习态度,激发其学习动机,并培养其自主学习能力;其次应要求学生通过线上学习,线下答疑、反馈及讨论的方式来深化对所学知识的理解和掌握,逐渐提高其认知能力;再次应在教学内容中有机地融入领导能力、团队合作能力及人际交往能力等方面的内容,以培养学生的多元能力和建立个性化学习模式,使得个体行为与社会环境之间保持和谐的生态平衡。

三、翻转课堂在英语混合式教学模式中的应用

(一) 英语翻转课堂教学体系分析

1. 翻转课堂教学的具体要素

翻转课堂是对传统教学模式和教学方法的革新,通过知识传授与知识内化两个阶段的翻转,提高学生学习的主动性和学习效率;教师应把握翻转课堂的关键要素,准备富有创造力的教学资源和学习环境,组织多样化的课堂教学活动,通过学习分析为学生提供更有针对性的教学,充分发挥翻转课堂的优势。

(1) 学习环境。翻转课堂需要由网络学习平台和学生学习终端组成的网络学习环境的支持。网络学习平台主要提供教师个性化推送和学生自主性选择学习资源、学生学习和在线测试数据收集和分析、师生和生生互动交流信息等功能。这是实施翻转课堂教学最基础的环境。学习终端主要是支持学生的微视频学习、在线测试和网络交流等功能。

（2）学习分析。在翻转课堂实施过程中，教师需要利用学习分析技术，对学生在课前在线学习产生的大量学习数据进行解释和分析，有效分析判断学生的学习问题，评价学生的学习进展，甚至评价学生的批判性思维、协作交流能力和问题解决能力等，以帮助教师设计和调整教学内容和教学过程。例如，在学习过程中，教师发现某个环节或知识点被学生们反复点击的时候，要意识到这可能是一个对学生而言难以掌握的知识点，或者自己的讲解有问题，需要据此调整教学，重新录制视频。

（3）学习活动。课堂的学习活动是翻转课堂设计的核心部分。翻转课堂的有效实施需要建立在设计良好的学习活动的基础之上。在翻转课堂教学过程中，新知识的学习过程已经在课前完成，取代了传统课堂教学中的教师讲授新知识的模块，给师生留下了更多的课堂时间。如何利用好课堂时间组织教学活动，促进知识内容，是决定翻转课堂是不是成功的关键。目前提及翻转课堂，大部分人都是集中在如何制作教学视频上，但实际上比视频更为重要的是课堂活动的组织。

翻转课堂教学活动包括小组学习活动、全班交流活动和个人学习活动，但以小组学习活动为主。翻转课堂教学活动涵盖了解答学生疑问、解决重点难点、课堂讨论、探究实验和练习巩固等多个方面，教师需要根据学科特点和学生实际情况精心设计课堂活动。翻转课堂需要良好的互动和有意义的深度学习。翻转课堂设计对教师的教学能力和综合素质有较高要求，教师需要在课堂中敏锐地发现多数学生存在的困惑，并及时解决。一些学校的翻转课堂，由于形式过于单一，甚至全部活动用来做练习测试，导致学生慢慢失去了兴趣。

在正式上课前，教师应当确保学生已经观看了教学视频，并完成单元检测，即要求学生在课前完成基础性的测试题目，以便于学生自己及教师发现问题，了解实际学习效果。在课堂上，教师通过设计有意义的任务和具有挑战性的问题，激发学生思考，推动学生间进行互助交流，对于一些自控能力较差，或是自己学习有困难的学生而言，学习小组可以起到监督和带动的作用，帮助学生打破在课外学习的孤立感，进一步增强学习效果。翻转课堂教学设计的核心，教师要对学生的疑问进行整理，对其中具有代表性的问题，应放在课堂上集中讨论解决，对于个别学习相对滞后，或是学习积极性不高的学生所存在的问题，可以在课前单独给予指导。

第三，统筹兼顾，突出重点。如前所述，课前的教学视频只针对重难点，对于其他一般性的知识点，教师可以放在课堂上完成讲授，避免知识的割裂。

（4）学习资源。翻转课堂的有效实施需要丰富优质的学习资源来支持，这些学习资源可以是微课视频、电子课件、互动电子教材、学习网站、在线课程、文本教材和练习题等，其中微课视频是最常用、最重要的学习资源，内容以知识点为单位，聚集新知识的讲解。

从视频的形式上看，怎样在有限时间以内牢牢抓住学生眼球，需要教师在录制视频时充分考虑视频的视觉效果，灵活采用画面、声音等多种表现手法。此外，字幕的配合也很重要，字幕是画面、声音的延伸和补充，能够弥补授课者口音的缺陷，更清晰准确地传达视频的信息。从视频内容的实质上看，教师需要把握的是视频应当有益于学生在课前进行探究式学习，视频应当是那些足以引发学生兴趣、讨论、质疑的材料，如果视频只是单纯地录制教师讲授的内容，实质上还是没有打破学生被动接受学习的模式，只不过将听课的地点由课堂移到了课外而已。

翻转课堂学习资源主要用于支持学生课前的自主学习。为了取得更好的自主学习效果，除了为学生提供视频资源外，还需要提供教师精心设计的自主学习任务单与视频资源配套使用。学生依据学习任务单的要求，观看视频，完成知识学习。学生只有在课前完成对学习资源的学习，获得了知识内容并发现学习过程中存在的疑难和困惑问题，带着问题参与课堂的讨论活动，才能达到知识内化和创新的目的。

2. 翻转课堂教学模式的创新

翻转课堂是采用线上线下配合、多种技术融合来实现教学流程重组的教学组织形式，最早起源于美国，它将知识传授的过程放在课外，把知识内化过程放在课内，让学生之间、师生之间有更多的沟通和交流，从而实现理想的教学效果。大学英语翻转课堂教学模式的创新，主要包括以下方面：

（1）把教师与大学生主体位置互换。翻转课堂不同于守旧课堂的本质区别就是把教师和大学生主体的位置进行了互换，把大学生作为了大学英语教学的学习核心，更加注重大学生的独特化学习，然而教师从之前的讲演者转换为当下的亦师亦友的指路人，关键在于怎样高效地引导使大学生尽快地参与到大学英语教学中。翻转课堂不仅实现了在主体位置的互换，在教学实质上也发生了转化。首先，在上课形式上针对大学生制订教学计划，让大学生更多地参与课堂互动交流，并对比较突出的疑难问题做出合理的分析判断；其次，就是让大学生也加入大学英语教学内容安排的探究过程中，积极听取其建议，制订出更高效的教案。

（2）提升教师与大学生信息网络技术水准。翻转课堂作为新的教学形式，最大的特色就是利用信息网络技术平台增加大学英语教学的实际授课质量。因此，教学核心中的大学生需要在预习时借助在线开放课程、微信课程、微博等英语视频和语音课件对即将学习的英语教学课程有一个简略的认识，便于带着问题去学习听课；作为教学指路人的教师可以利用信息网络技术平台在准备讲课内容时提早录制一些音频或视频课件资料，把这些课件资料分享到网络资源平台上，或者通过多媒体设备进行英语教学使用方法的介绍。

（3）创设日常情境辅助英语教学。在英语教学中，我们越来越提倡情境教学。之所以强调这种教学方式，是因为英语它是一门语言类的学科，学习英语的主要目的是要交流，所以它更加注重的是沟通和表达能力。在对学生的教学中，教师就可以适当地跟学生进行交流，大多可以设置一个有趣且有意义的情境，在提问回答的过程中提高学生的表达能力。可以让学生先从介绍自身开始，这样的场景谈话不仅督促大学生积极地学习英语知识，也帮助大学生锻炼了日常的口语和求职应变能力，这种创设情境的翻转课堂才有实际教学的意义。

（4）补充大学英语教学实践活动。英语虽然在世界范围内使用很频繁，但在中国学习英语之后的使用率并不高。所以教师们要根据这一特色引入翻转课堂，用视频短片或网络让大学生随时都能接触到英语学习，增强实际运用能力，而且英语学习也并不是把单词组合在一起就会成为一句话，而是要像汉语一样用正确的方式和理解做出表示。教师们可以引入英语版电影或电视剧让大学生多接触英语发音，或者模仿很知名的场景对话。

综上所述，翻转课堂模式有利于让学生在大学英语学习中提高学习英语的积极性，激发学习英语的热情，充分地对传统模式进行创新，注重的是学生的主体地位，强调的是学生的学习体验。并通过此模式，提高学生学习能力，增强学生沟通交流能力，对英语教学具有重大意义。

3. 翻转课堂教学的具体应用

近年来，文化教育开始强调"文化知识"和"文化素养"，进入了语言与文化并重的教学实践阶段。文化的复杂性是跨文化教学与语言教学最大的区别，在英语课堂上没办法操练和检验学习者的跨文化意识和能力，所以需要教师花很多时间讲解文化知识。解决这一问题，可以利用翻转课堂的模式，给学生足够的时间理解和消化。以下探讨大学英语翻转课堂教学中文化相关内容的应用。

（1）课前知识准备。教师制作的每个课件尽可能控制在5~10分钟，制作成PPT演示文稿，配以语音讲解，教师录制播放。播放PPT时，即屏幕捕捉软件，选择一款录频软件，教师可以把以上内容进一步细化为若干个知识点，也可通过网络资源搜索相关视频短片供学生课前学习和讨论。一些英语词语意义及文化特殊性等，教师可以设计一些问题给个人或学习小组，学生可以通过微信或腾讯QQ等向教师或同学随时提出。

（2）课中教学活动。对语言知识或文化的讲解，不再是课堂学习中的教学重点。教师对学生的课堂表现进行形成性评价，课堂内各种互动的课堂活动可以帮助学生对文化知识的吸收内化。教师在课堂上加深他们对文化内容的理解以及内容的内化，引发学生积极的思考，组织活动，对课前收集的问题进行针对性的讲解，教师的角色是组织、协调、答疑。针对教师所提出的有关中英文化英语表达等问题，能帮助他们知识的内化和实践，提高学生学习的兴趣，鼓励学生用英语进行交流，创设一些具体的情境，教师可以运用情境教学法，或者针对某一问题进行小组讨论，在课堂上个人或小组用PPT演讲展示这些活动任务，必须在微课视频里提前布置，最后教师再点评。

（3）课后延伸学习。课后的阅读是必不可少的，历史文化背景和价值观是一个跨文化现象背后反映出的，需要学生深入思考和领会。教师布置相关主题的实践与拓展，应当根据课堂上学生展示和提问的情况，例如中国文化的主题和西方人交流等，学生自主搜集资料，课后扩展任务包括扩展阅读、专题写作等。教师点评，或者组员之间进行互评，这类应有的课后语言文化实践，具有十分重大的作用，能够帮助学习者增强语言综合应用能力和提高跨文化交际能力。

英语翻转课堂给教师和学生带来了挑战，但也能使学生更加自主，使教师和学生传统的课堂地位重新定位。对英语教师而言，在拍摄和制作技术上还需要一定的教育技术能力，应当投入更多的时间，给学生提供出更多的、优质的课前微课视频学习资源。对学生而言，能否独立自主完成学习任务，这方面的学习能力也需要增强。英语的学习，不仅要通过语言了解国外的民族、历史和文化，更要用英语让国外了解我们的文化，而不仅是学习语言本身。

（二）基于翻转课堂的英语混合式教学模式构建

互联网时代的发展速度越来越快，而且科学技术也在教学领域中得到广泛应用，其中对英语教学的影响很大，不仅教学理念与教学方式得到相应的改变，而且教育行业也将面临新机遇以及更大的挑战。因此，高校英语教师要顺应教育改革形势，突破传统教学方式的瓶颈，敢于创新，实施翻转课堂下的混合式教学模式，使课堂教学与线上教学得到有机结合，全面提高教学质量，引导学生积极主动地学习。

"翻转课堂"是指在信息化环境下，教师以授课的重点和难点作为依据，将充足的学习资源提供给学生，而教学微视频则是这些学习资源的主要呈现形式。在课堂教学前，学生先去观看该节课的教学视频，提前预习知识点，也可在线练习，从而顺利地完成知识传递。教师在课堂上就学生们疑惑的问题进行一一解答，为了帮助学生巩固所学知识，设计不同的课堂活动就显得尤为重要，以期达到知识内化的目的，以及学生对英语知识可以深度学习。总的来说，这种教学模式既对学习过程实现了"翻转"而且还彻底"翻转"了师生各自的角色，学生成为教学中的主体，教师成为教学主导者。随着信息化社会的发展，翻转课堂对教育变革起到了引导作用，传统的教学方式将被取代。翻转课堂的优势在于对课堂资源实现合理配置，最大限度地提高学生的学习效果，学生对学习英语更有兴趣，能主动参与到学习中去。

1. 基于翻转课堂的英语混合式教学模式构建意义

翻转课堂理念的本质就是颠倒传统教学中传授和内化知识的过程，围绕学生展开教学，使师生、生生互动得以加强，进一步发挥学生的主观能动性。总而言之，在当前的混合式英语教学过程中，要一直贯穿翻转课堂理念，这样才有利于改变学生以往单一的学习方式，对英语知识学习产生更大的兴趣。

2. 基于翻转课堂的英语混合式教学模式创新构建

(1) 教学设计模式。"讲授重点、在线自主、小组合作、答疑解惑、实践评价是翻转课堂混合式教学的几个主要步骤，教学思想以学生为中心，培养其语言应用能力、跨文化交际能力等，更好地引导学生自主学习。"① 同时，还要注意以下方面：一是线下对课程的答疑、指导、评价必须要结合线上自主学习；二是翻转课堂要全面结合互动性面授，两者要进行有机结合；三是学生的实践操作活动要充分结合教学设计的部分。高校英语教师在大学英语教学中，应明确教学目标，教学内容要具有合理性，同时也要制定完善的教学大纲，使翻转课堂的混合式教学得到顺利开展。另外，教师在课前需要做足导入工作，课堂学习过程中需要导入的内容有很多，如学习软件、App 内容、视频、音频、网络课件等，从而使学生高效完成自己的学习任务。设计课堂教学活动时，自我评价是其中的一个重要任务。

以下两个方面是教师的基本着手点：一是利用线上网络平台，给学生布置有针对性的课后作业，将有用的学习资源提供给学生，还要针对学生的问题给予解答，认真检查学生的作业，对学生学习的整个进程应该时刻进行监督。加强与学生之间的交流，讲授重点、难点是教师教学的重心，所以教师要注重角色的及时转变，充当导演或教练。二是利用线下英语课堂，学生就可以将自己的学习成果展示出来，一起讨论、互评、自评，在这种情况下，就促进了自主化与个性化的教学模式形成。

(2) 跨文化交际能力。大学英语是高校一门重要的人文课程，对人才培养具有重要意义。因此，应秉承"以人为本"的教育理念，重视培养人的综合素质，还要确保大学英语的工具性和人文性两个方面得到有效统一。语言作为文化的载体，更是组成文化的一个主要部分。如今，大学英语的工具性已被认可，但是其深层目的则是要加强对学生的英语语言应用能力的培养，确保学生在今后的学习和工作中可以用英语交流。所以，对于高校大学英语教学来说，仅仅是促进学生听、说、读、写、译等水平的提升是远远不够的，还需

---

① 徐畅. 基于翻转课堂的大学英语混合式教学模式与创新[J]. 黑龙江教师发展学院学报，2022，41(3)：146.

要引导学生对语言背后承载的文化信息进行掌握，这才是重点所在，要让学生更加了解中西方文化以及世界观的差异性，促进他们跨文化意识的提升，此举也有利于交际能力得到进一步提高。

（3）进行课程设计。大学英语对高等教育来说意义重大，英语教师先要将课程设计做好，以便学生能深入理解所学的知识，提高他们的英语写作能力及阅读能力，能用英语进行交流。课程开始之前，教师可以让学生根据微课视频中的内容去模仿或学习，以小组合作模式为基础，学生之间进行交流和探讨，在这种轻松的氛围中有利于不断地提高教学质量。因为大学英语中所包含的理论知识较多，而且这些知识也比较复杂，学生会觉得厌烦，所以教师要结合实际的教学内容和学生的兴趣特点，进一步加大训练力度，积极开展混合式教学，便于学生记忆与理解英语知识。如果是较为分散的知识点，同时又涉及很多复杂的内容，这时就有必要利用混合式教学模式，通过结合翻转课堂，使教师在课堂讲授时能将更多的网络资源提供给学生，学生对英语基础知识加深理解，并及时进行巩固和掌握，最终获得令人满意的教学效果。

（4）个性化教学。和谐与民主是个性化教学过程中体现出的关键特征，坚持"以人为本"的教学理念，能根据学生的情况来提供科学合理的教学方案，充分体现民主性。尽管学习语言的能力和语言辨认能力是每个学生都具备的，但是他们掌握的英语知识程度是不同的，所以教师就必须在翻转课堂上开展个性化教学，从而将混合式教学的独有优势发挥出来。在教学过程中，可以遵循以下方面：一是在英语课堂上，教师要布置好相关问题，而学生则是通过微课视频等对这些问题进行相应解答，这就可以对学生掌握英语知识的程度加以检验，也能判断出微课视频的学习效果；二是利用小组合作学习这一形式，学生代表对问题的答案先进行陈述，之后由教师在一旁对其做出补充说明，促进课堂教学效果得到提高；三是教师以合作学习的形式作为基础，对学生实行个性化与探究性教学，调整他们的学习心态，引导他们在课堂上敢于提问，在实践过程中将问题彻底解决；四是教师应该多与学生交流，摒弃模具化培养方式，凸显个性化培养要求，只有这样学生才能实现全面发展。

（5）教师职业素养。教师的职业素养对教学效果起着决定性作用，基于翻转课堂的大学英语混合式教学需要教师付出更多的时间和精力，还要求他们具备信息化能力，这就增加了教师的压力。基于此，大学英语教师就要将大数据结合运用起来，重视自身的教育技术能力的提高，也要不断地提升信息素养。英语教师在进行课堂面授之前，必须以教学目标和实际的教学要求为基本依据，将互联网资源有效地利用起来，甄选出那些与教学内容密切相关，并且适合学生能力的微课、慕课、课件等；教师也可以自己制作视频或课件，安排学生在课前就在线上学习完本节课程的内容，课堂上采取多种不同的形式帮助学生内化与吸收教学内容，如项目展示、答疑解惑以及小组讨论等。由此可见，翻转课堂要求英语教师必须提高信息化能力水平，有视频编辑能力、信息检索能力以及处理图片的能力。

综上所述，以翻转课堂为基础的大学英语混合式教学应该将课堂教学与网络教学两种教学模式有效结合起来，通过有效结合发挥其各自的优势，弥补传统教学的不足，提高教学效果和质量，激发学生对英语的兴趣，促进大学英语学科的持续性发展。

第三节 大数据技术在英语混合式教学创新中的应用

一、基于 OBE 理念下线上线下混合式教学的创新应用

"所谓的 OBE 教育理念，就是将成果作为整个教育的方向。在这一理念中，学生是整个课堂活动的中心，教学活动设计将预期学习成果作为引导，有效帮助学生自主学习，通过相关资源的辅助完成相关的学习任务。"[①] 同时，在教学完成后还要综合多个方面指标进行教学评估，有助于教学工作不断完善。在 OBE 理念下，充分融入混合式教学模式，能够有效调动学生的学习热情，激发学生兴趣，促进整个教学活动顺利完成教学目标。文章主要针对高校的英语教学进行探究，分析混合式教学模式构建所具有的重要意义以及存在的问题，不断促进英语教学改革创新。

高校在进行英语教学活动过程中，要充分运用 OBE 理念，巧妙融入混合式教学模式，打破传统教学的约束，将预期结果作为整个教学活动的引导，促进整个教学活动顺利完成。此外，还要在教学设计时进行反向思维，将学生作为整个教学活动的中心，将结果作为教学完成评估指标，及时修改教学计划，促进教学效果不断优化。

预期学习成果来源于 OBE 理念的引导，是高校进行教学活动设计和教学目标设计的重要依据，促进整个教学活动顺利进行。在进行预期学习成果设定时，应该将我国英语能力等级量表作为依据，全面综合学生的实际情况，科学合理制定英语教学目标，促进高校英语教学活动顺利进行。在进行英语教学目标设置时，应该结合人才培养目标进行整理，还要将专业要求和能力发展指标作为依据，促进高校英语教学呈现出递进式的效果，有效培养高校英语人才。进行英语教学目标设立的依据体现在以下方面：

第一，全面分析学生的实际情况。站在学生的角度，提前了解预期的学习成果有助于自我学习约束，及时调整学习的进程和效率。教师在进行教学目标设定时，要根据学生的

---

① 李芳，郭怡然. OBE 理念下高校英语混合式教学模式探索［J］. 现代英语，2021（18）：22.

实际能力进行设置，符合学生的发展实际需要，目标难度要适宜，避免学生出现厌烦的心理，激发学生的学习热情，从而保证教学目标顺利完成。

第二，将教学目标进行具体化、细致化。在进行阶段性目标设计时，应该将总目标作为依据，根据课程的具体内容和学生的实际情况进行短期目标设置，从而有效促进英语教学活动有效进行。将布鲁姆目标分类法作为依据，从认知和知识两个角度出发分析短期目标，确保短期目标具有科学合理性。

第三，全面掌握内外需求。在进行教学目标设计时，不但要考虑国家对高校英语人才的需求，还要充分考虑国家对高校进行英语教学活动的要求，应该确保进行的教学活动，既具有本校的特色，又能满足各方面的需要。

第四，由于混合式教学模式的融入，学生不仅要通过线下学习，还要通过线上学习。因此，教师在进行备课过程中，要明确线上及课堂的教学目标，并分别进行确定。制定线上学习目标时，可以将发展学生的低阶思维作为教育目标，课堂的教学目标要将拓展学生的高阶思维作为教育目标。无论是课堂教学目标还是线上教学目标，都要遵循递进的原则，逐层进行，最终完成教学总目标，还要将这些目标作为学生预期学习成果，成为教学活动中的导向。

（一）基于 OBE 理念下线上线下混合式教学活动分析

OBE 理念下的教学是将线上和线下相融合的一种混合式教学模式，将预期学习成果作为教育目标，进行教学设计时要遵循回溯式的原则，将这一教学模式贯彻到整个英语教学活动中，促进教学目标得到有效完成。这一模式所进行的教学活动分为两部分，即线上教学和课堂教学。

1. 线上教学活动分析

教师应该在线上教学活动开始前明确向学生阐述本节课的学习目标、要求和具体流程，还要向学生演示整个学习的操作过程，使线上学习的顺利进行得到有效保障。此外，还要加强线上教学和课堂教学之间的联系，做到两者之间有效联结，为整个教学活动顺利进行打好基础。学生在整个教学活动中处于主导地位，教师起到引导的作用，辅助学生完成线上和线下的学习任务。在线上教学活动应该在每节课的前半段，学生需要在课上完成英语语言文化知识的输入和输出。

（1）文化知识输入环节：其主要通过视频、微信等方式获得，帮助学生掌握相关的英语语言文化知识，为之后的线上学习打好基础。这里运用的微课视频大多都是英美外教和留学生之间的对话，对话的内容和场景涉及很多方面，内容十分生动形象，可以使得学生身临其境。对话结束后,由教师进行内容的讲解,重点讲述个别词汇和句型,之后再由外教对相关的文化知识进行介绍,加深学生对英语语言文化的认知和理解。同时,还包括一些扩展资料,这都是与课程内容有关系的信息,通过线上平台实现资源共享,帮助学生更广泛地掌握英语语言文化知识。通过微信所推送的相关内容都是一些与英语有关的有声音频,教师定期传送至微信平台,提高学生的英语文化知识和听力水平。

(2)文化知识输出环节:这一环节包含了学生完成单元习题、学生之间的交流讨论等相关内容。教师要定期组织学生之间交流讨论完成任务,将单元主题作为中心充分发挥学生的主观能动性,引导学生以英文发帖的方式进行交流,有效提高学生英语表达能力,也有助于教师及时了解学生的英语掌握情况,从而为之后的教学工作起到引导作用。

2. 课堂教学活动方式

每节课的后半段是课堂教学环节,主要的目的就是促进学生英语口语表达能力得到提高,教师在课堂教学活动中处于引导地位,积极组织学生交流讨论完成任务,为学生营造交流互动的机会,提升学生英语实际运用能力。教师可以组织一些角色扮演等教学活动,帮助学生有效地进行英语对话训练,身临其境地感受英语教学活动范围。对于课堂教学活动而言,教师要帮助学生对所学知识进行全面掌握,更好地应用于实践,最终达到学以致用的目的。教师在课后要及时检查学生的知识掌握情况,可以通过竞答等方式,根据实际情况设计接下来的教学活动。在课堂上教师要给予学生充足的答疑解惑时间,帮助学生有效解决学习中所存在的问题。

除此之外,教师还可以将学生进行分组,通过小组讨论学习等方式完成单元习题,提高学生之间交流合作的能力。在小组交流讨论过程中,组织其他组员向优秀学习小组学习观摩,有助于提高学生的合作学习能力。教师在小组活动结束之后要进行总结汇总,邀请每个小组代表进行小组展示,根据学习情况总结归纳本节课的重点,进一步促进学生掌握所学知识。

(二)基于 OBE 理念下线上线下混合式教学的评价

OBE 理念要求具备完善的、合理的评价体制,从知识、思维和能力三个角度出发,对预期学习成果进行考核评估,同时还要反向思考教学设计是否合理,促进教学朝向预期学习成果发展。作为教师,要将单元作业完成情况、课堂表现、课后练习等作为教学产出成果,对学生进行过程性和终结性评价,每一项所占比例不同。在进行评价过程中,教师要综合学生多方面的因素,打破传统的约束,公平公正评价每一位学生。此外,通过多种活动组织学生进行英语活动,能够有效优化教学效果,提高学生英语的实际运用能力,同时还有助于激发学生学习积极性。

总而言之，高校要将 OBE 理论作为指导，积极融入混合式教学模式，促进英语教学改革创新。作为高校英语教师，要熟练掌握网络教学平台，具备将线上线下教学活动相融合的能力，有效促进教学目标顺利完成。除此之外，在 OBE 理念引导下，教师要明确各单元的教学目标，科学合理地进行教学活动，有效调动学生的学习热情，帮助学生通过学习获得成就感，提高自信。同时，教师还要将教学目标完成情况作为依据进行反思，对教学设计进行科学合理的调整，促进接下来的教学顺利进行，有效完成高校英语教学目标。

二、基于人工智能下英语混合式教学的创新应用

"人工智能技术是建立在计算机信息处理基础上的一种智能化技术，能够对人类行为逻辑、方式及习惯做出相应的解析与模仿，使机器的运作能够在智能程序的驱使下更贴合人类的交互需求。"[1] 基于这一应用方向，人工智能技术主要由理论研究与工程研究两个方面共同推进完整体系的构建，其中：理论研究工作旨在为后续工程研究的实践奠定基础，重点一般放在对现有技术经验的总结探索、对相关理论体系的整合提炼等方向；工程研究工作则旨在利用现有人工智能技术独立完成产品的开发与设计，重点一般放在人工智能系统与设备的应用、新产品的研发实验与调整改进等。从人工智能目前的主要功能来看，大致可分为三类：一是通过智能系统完成信息的存储、提取及内部处理；二是通过智能化能力完成信息的符号化处理；三是建立与人类行为逻辑相近的程序逻辑，并利用这一能力对人类提出的问题予以解答或处理。从语言学习的视角来看，人工智能的功能呈现更为具体，如语言解析技术、语言识别技术、语言翻译技术等均较为常见，随着人工智能普及率的增长，这些技术在语言教学课堂中的利用也更为广泛，且目前仍处于不断升级的进程当中，为语言教育方式的革新转变带来了巨大的契机。

（一）人工智能下英语混合式教学模式的应用

1. 听力训练——应用语料库完成自动化资源匹配及交互

听力训练属于英语教学中的基础性部分，对于学生英语应用能力的构建有着决定性影响，且听力资源的广度及与学习需求的匹配度在很大程度上决定着学习效果。因此，在构建高校英语混合式教学模式时，可将人工智能技术作为打开听力训练资源广度的关键渠道，借助其特有的语料库储备来完成自动化匹配、交互，使学生能够快速在庞大的英语听

---

[1] 王欣. 人工智能视野下高校英语混合式教学模式构建策略［J］. 太原城市职业技术学院学报，2020（11）：110.

力素材中获取与自身学习需求相符的听力资料，并根据资料内容，与人工智能设备展开具有针对性的自动化练习。首先，学生可在线上人工智能系统中录入自己的年龄、学段、英语听力基础、重点训练方向等基本资料，由系统根据数据资料自动筛选、匹配相应的听力材料，从而省略手动搜集资料的烦琐工序。另外，为进一步增强线下课堂学习与情境的交互性，还可进一步利用人工智能的自动识别功能，由学生根据学习需求，随机选取某物体进行扫描，再由系统根据识别出的物品类别筛选出相关的听力练习资料，使学生能够在自动且随机的语言场景中获得更良好的学习体验。

2. 写作指导——应用自动批改功能完成查漏补缺

英语教学中，写作是用于锻炼学生词句表述水平、语法运用水平的重要环节，但传统英语写作教学课堂常受困于题材范围狭窄、批改过于主观等因素，既不利于学生创造能力的发挥，也容易导致学生对于自身英语写作的优缺点难以客观把握。因此，在利用人工智能技术开展英语写作指导时，同样可由线上、线下两个不同角度出发，分别借助框架搭建功能与自动批改功能完成自我审视与查漏补缺，进一步夯实英语书面表述能力。线上教学中，首先可由教师向学生布置以某一话题或某一词语为主题的写作任务，如"Economic globalization"，学生根据自身思路，在人工智能技术支持下的作文系统中进行写作，系统则由此发挥框架搭建功能，结合主题与基本思路提供大致的框架模板，以及用作参考的相关词汇、句式，使学生能够跟随框架的指导，形成更为清晰的写作逻辑链条，达到深化表达的训练目的。线下教学中，首先可针对经过系统自动批改后的写作内容与批改意见进行回顾，找出系统评测下的亮点与不足所在，梳理出写作过程中的存疑之处，通过与他人交流和询问教师的形式找出解决办法，并于课堂上完成习作修改，最后由教师根据写作主题，给出主观意见，从而达到主客观相结合的综合评定目的，使反馈成果更具辅助改进意义。

3. 翻译练习——应用云平台技术实现重难点突破

英语翻译是以足够的词句积累、听力练习为基础的语言转换过程，对于学习者的语法运用水平、实时解析能力、组织表达能力都具有较高要求，因此学习过程中的重难点也相对更多，如何提高翻译精准性成为教学过程中的重要问题。人工智能支持下的云平台应用能够为英语翻译教学带来新的渠道，一方面可通过创设翻译情境来使学生快速投入到语言环境当中；另一方面也可透过知识模块拆分功能来理顺语句间的联系，从而使得翻译精确性提升。首先，可在线下课堂当中借助人工智能技术来营造身临其境的语言氛围，如通过追踪文本内容，自动化匹配并呈现与之相关的场景，给人以身临其境之感。

4. 口语对话——应用人工智能机器人展开一对一对话

高校教育阶段，英语教学的最终诉求在于实际语言应用能力的构建，因此，口语对话练习成为贯穿教学始终的必要环节，关系着学生最终能否将课堂学习成果转化为语言应用基础。人工智能技术的出现，在很大程度上打破了以往英语课堂中对话组织困难的僵局，学生可通过与人工智能机器人建立起一对一的对话关系，来解决师资有限而同学指导能力不足的问题，同时取得训练成效与查漏补缺成效。学生在进行线上自主练习时，可根据想要练习的方向设置关键词或主题，再将人工智能机器人作为对话对象，围绕主题展开聊天式对话，从而达到口语训练目的，同时还可避免与真人对话时羞于启齿的情况，有助于在放松状态下激发出更良好的表达水平。线下课堂教学中，同样可利用人工智能机器人来催化练习效果，例如，在组织小组口语练习时，为避免话题匮乏、接话困难的情况，可利用智能机器人来提供一些固定的框架或句式搭配，并根据不同成员的薄弱点，对对话的层级与难度进行适当智能化调整，从而实现对话练习效果的提升。

（二）人工智能视野下完善英语混合式教学模式的创新策略

1. 完善教学管理系统

无论是人工智能技术还是混合式教学模式的利用，都需要以完善的教学管理系统作为依托，才能够最大限度发挥其价值与成效，真正在教育工作中起到支持作用。因此，在构建高校英语混合式教学模式的同时，还需要紧密结合内部教学需求与教学现状，组织校内各部门共同参与到教学管理工作中来，积极发挥监督与合作职能，在寻求改革发展契机的同时进一步拓宽混合式教学的应用范围。一方面，打造以融入人工智能技术为核心的混合式教学方案，将其应用于英语教学工作当中，动态化观察各阶段教学成果，并用作后期修改教学管理方向的依据，同时积极举办教学比赛及教学研讨会议，以便及时发现方案中的问题所在；另一方面，将混合教学范围逐步扩大，如尝试通过校外拓展实践来探索人工智能的新应用渠道，同时建立综合线上、线下两个教学环节评价指标的教学反馈体系，以便于及时由反馈体系当中获取新的教学动向，并由此探索更利于发展的新模式。人工智能背景下的英语混合式教学，是以完善的教学管理系统为先导的，必须要不断地对教学管理系统进行完善，有效地拓展并延伸混合教学范围，才能够最大化地提升混合式英语教学的实际意义，真正促进教学质量的提升，为学生的成长和发展奠定坚实的基础。

2. 优化课件制作体系

除混合式教学方法的应用外，英语教学课件的制作也直接影响着最终教学成效。为突出人工智能技术的教学优势，在后期英语混合式教学课件的制作中，可进一步强调学习过程中的合作与互动，通过留置更大的交互空间来激发个体的主观能动性，从而达到强化训练效果的目的。一方面，高校可组建精于网课制作的教师队伍，在分析人工智能教学数据、总结以往经验的基础上，尽可能地丰富素材、去粗取精，使学生在线上学习中获得更优体验；积极打造线上精品网课，带给学生专业化的网络课程内容，使之可以从中收获知识的积累和能力的提升，此外还可以将精品网课作为范本在其他高校进行推广，这既可以进行课程推广还能够实现学术交流，以此来更好地强化课件制作效果。另一方面，在线下课件的制作中，更多地增加由学生作为主导的实践板块，如互动对话环节、实时翻译环节等，从根源上提高学生在混合式课堂中的参与度。

总而言之，在人工智能背景下，积极开展英语混合式教学，必须要以优质课件制作体系为先导，以课件优势来促进学生对于知识的吸收，这样有助于最大化发挥混合式英语教学的意义，强化教学实效性。

3. 重建教学评价制度

在混合式教学模式践行基础上，可通过重建教学评价制度、设置多元化考核指标来进一步推进教学质量的提升。例如，除了平时表现，期末考试成绩作为基础考核以外，可另外增加线上教学评价板块，即将学生在线资源学习情况、线上线下课堂活跃度以及师生互动情况等都纳入评价考核范围。借助人工智能技术及网络平台，将学生的学习情况细化为多个考核内容，如听、说、读、写能力的构建情况等，从而保证考核结果更加公正、有效，能够真实反映学生的学习情况以及英语应用水平，并帮助学生完成针对性改进。此外，为了进一步延伸教学评价效果，可以通过线上师生互评、学生互评、小组评价、学生自我评价等方式来实施多元化评价，这样通过多维度、多元化的混合式评价，有助于实现最真实、最客观、最全面的教学评价，能够全面衡量教学质量和教学效果，以便于为后续的教学改进创造基础。

第五章
大数据技术在英语跨文化交际教学中的应用

第一节 高校英语跨文化交际教学中的作用与原则

一、高校英语跨文化交际教学的作用

(一)高校英语跨文化交际教学的现实作用

语言与文化相互影响,并由交际联结起来。人们学习语言与文化的经历会对其思维的形成与发展产生一定的影响,正是因为如此,说着不同语言、处于不同文化背景中的人才会形成不同的思维模式。而思维是交际的基础,有着怎样的思维模式便有着怎样的交际习惯,因此,语言、文化与交际之间的关系是非常密切的,它们彼此总是相互影响的。人们在运用语言交际的过程中会将自身的价值观、思维习惯等文化层面的内容表达出来,而社会文化又在一定程度上给语言提供了形成与发展的"营养基"。交际则是作为一种中介,将语言与文化紧密地联结起来。

语言、文化与交际之间密切的关系对英语教学产生了一定的影响,语言教学即文化教学,而且这种观念甚至被传播开来。早期的英语学习是一种单纯地停留在语言本身上的学习,需要指出的是,虽然早期的语言学习确实也让学习者具备了一定的语言技能,但是这并不意味着这种学习是一种真正意义上的语言学习,这是因为学习者只是获得了一个与母语不同的符号系统。该符号系统是单纯的语言系统,学习者并没有掌握英语的文化符号系统,这导致学习者在使用英语进行表达时只能表达一些浅层次的内容,如果他们想要与目的语语言群体进行深层次的交流,往往是不可行的。

依据不同的标准可以制定出不同的英语学习目标,而且不同的教育场所对学习者的学习要求也不同,学校重在培养学生的英语交际能力。学习者英语能力提高的前提条件是其必须要了解目的语的文化,并且在了解目的语文化的基础上,完成对该文化与自己母语文

化的对比，这样就能保证自己可以熟练地掌握两种文化，毕竟语言的学习涉及的也是两种文化的学习。

1. 跨文化交际能力是人才培养需要

跨文化交际能力的培养不仅对个体发展有重要的影响，而且对国家，甚至对世界的发展都有一定的影响，基于此，跨文化交际能力培养问题受到了人们的广泛关注。在这个背景之下，跨文化交际学也形成与发展了起来，它是一门注重跨文化研究的学科，提倡要对语言学习者进行跨文化培训，为培养跨文化交际人才提供了学科指导。需要明确的是，跨文化交际能力的内容十分丰富，不仅包括学习者的情感、心理等行为层次，而且还包括价值观、交际模式等文化层次。可见，一般培训时间较短的跨文化培训对于学习者跨文化交际能力的培养并没有实质性的帮助。要想实现学习者跨文化交际能力的显著提高，跨文化交际必须要与文化人类学、心理学等学科相结合，这样跨文化交际能力理论将会更加充实，在语言教学中培养学习者的跨文化交际能力就能变得十分顺利。

如今，社会对英语人才的要求越来越高，不仅要求英语学习者掌握一定的语言理论知识，而且还要具备跨文化交际能力，尤其是在全球化进程不断推进的背景下，跨文化交际能力显得越发重要。"高校的英语教学旨在提高学生在跨文化交流中的技能，以满足全球化的发展需求。"① 跨文化英语教学必须肩负起应该承担的责任，努力为社会输送具备较强跨文化交际能力的英语人才。

2. 跨文化英语教学是教学发展需要

英语教学虽然是一门强调应用的学科，但是其理论体系的构建同样重要，而且因为这一学科受到教师教育观念、学生学习心理以及社会环境等多重因素的影响，以至于其理论体系的构建必须要与其他学科的研究成果相结合。与此同时，英语教学主要为社会输送社会需要的人才，因此教师的教学理念必须要与时代发展需求相适应，教学大纲也应该与时俱进。在多元文化发展的今天，文化为英语教学打开了一条新的发展道路，跨文化英语教学逐渐被提上日程。

总而言之，跨文化英语教学意义较大，高校要对其予以足够的重视。一方面，文化确立了其在英语教学中的重要地位，它为学生的语言学习提供了比较真实的语境，使学生在语言学习中能考虑文化场景，联结真人、真事，这就在一定程度上激发了学生学习英语的积极性，并促进了英语教学质量的提高；另一方面，语言教学与文化教学的结合符合跨文化交际能力培养的需要，学生学习文化的渠道广泛，尤其是在信息技术快速发展的今天，他们可以从互联网上轻易地获得自己想要的文化知识。

---

① 柳菁菁. 试论高校英语教学中跨文化意识培养[J]. 食品研究与开发，2021，42（22）：252.

需要指出的是，通过网络渠道获得文化知识只是一种间接的文化学习，而通过语言学习文化知识则是一种直接的学习，学生在语言学习中可以亲身体验文化，从而使自己可以在情感与行为层面上与跨文化交际能力培养的要求相一致。因此，在英语教学中开展跨文化培训能够取得良好的效果：一方面，使学习者语言学习的需要得到了满足；另一方面，则让学生的跨文化交际能力获得了培养与提高，这同时也表明，英语教学的潜力被挖掘出来了。

（二）高校英语跨文化交际教学的研究作用

跨文化英语教学研究对于跨文化英语教学有着很大的现实意义，这是因为二者存在一定的共性。跨文化英语教学研究的目的是培养人们的交际能力以及其适应不同文化的能力，而中国跨文化英语教学把帮助学生完成成功的跨文化交际，提高其跨文化交际能力看作教学最根本的目标。

语言与文化关系密切，相互作用、相互影响，这让文化在语言教学中也占据了非常重要的地位。在英语教学中，文化是必需的内容，是学生进行跨文化交际的基础。在英语学习中，学习者总是能体会到母语对英语学习的干扰，但是他们并没有认识到文化也能对英语学习产生影响。文化对语言学习的影响很大，一个人要想获得成功的交际，其不仅要掌握一定的语言知识，更重要的是必须要了解交际对象的文化背景，并对相关文化知识能够清楚地掌握，这样才能促成成功跨文化交际的实现，主要包含以下方面：

第一，跨文化英语教学研究为跨文化英语教学实践活动提供理论支撑。英语教学受到许多因素的影响，这些因素包括语言环境、社会规范以及文化规则等，只有将这些因素与语言符号系统紧密结合在一起，才能实现英语教学的有效性，学习者也才能顺利地完成跨文化交际。而对影响英语教学的这些因素所进行的研究其实也是跨文化英语教学研究的一部分。可见，随着英语文化教学的不断开展，跨文化英语教学研究可能会成为英语教学的重要部分，为英语教学实践活动的开展提供理论支撑。

跨文化英语教学研究成果源于教学实践。对跨文化英语听力教学进行研究就必须要对英语听力教学实践展开必要的分析，在英语听力理解中，学生明明自己已经花费了很多时间去训练听力，可是效果并不好，尤其是当其听到一些生词时，其理解起来相当费力。究其原因就是学生对英语语言背后的文化没有做到清楚的了解，如果他们能对英语文化有深入的了解，那么即使他们不懂得这个生词的意思，只要联系一下该词语所处的文化语境，就能明白其意思，进而也就能顺畅地理解听力材料的内容。

第二，跨文化英语教学研究指导跨文化英语教学根本目标的确立。跨文化英语教学的根本目标就是要培养与提高学生的跨文化交际能力，而具体通过跨文化英语教学实现这一目标就需要一定的理论支持，跨文化英语教学研究就为目标的实现提供了必要的理论支持。跨文化英语教学研究包括对跨文化英语教学目标的研究，而且这些研究都是在分析、总结跨文化英语教学实践的基础上得来的，因而既科学又合理，对跨文化英语教学目标的确立有一定的指导作用。

如今，国家大力提倡素质教育，培养学生的人文素质、创新素质等已经提上教育的日程，并且开始在高校各专业教学中具体实施。英语跨文化教学在语言教学的基础上重视文化教学，有利于学生掌握较为全面的文化知识，帮助其培养自身的文化素养。而究竟如何在英语跨文化教学中培养学生的人文素质，这不仅需要教师的努力，而且还需要研究者的助推。英语教学研究者通过对英语跨文化教学规律进行探索总结出了不少跨文化英语教学方法，以及一些培养学生人文素质的策略。

二、高校英语跨文化交际教学中的原则

从语言使用层面上而言，语言使用需要在一定的文化环境中进行，正是从这两方面看，英语语言教学必然会涉及跨文化教学，而且跨文化教学必然也会通过语言教学来实现。跨文化英语教学活动的开展需要遵循以下原则：

（一）与语言教学融合的原则

跨文化教学并不仅仅是文化层面的简单教学，它必须要与语言教学结合起来，这是因为跨文化英语教学的目的是帮助学生培养其跨文化交际能力，使其在跨文化交际中能规避语用失误，因此，跨文化教学绝对不可能离开语言教学而存在。文化教学必须要与语言教学相结合，教师最好可以将文化内容贯穿到语言教学的所有环节中。学生在学习语言的过程中，同时也完成了对文化知识的学习，对于语言知识与文化知识的扎实掌握，能够帮助学生认清文化教学与语言教学的关系，同时也能帮助其进行成功的跨文化交际。

（二）输入与输出并重的原则

跨文化英语教学中知识的输入与输出可以从以下两个方面具体展开：

1. 文化层面

英语教师在跨文化英语教学中，要让学生明白英语文化对于英语学习固然重要，但是如果不了解中国文化，不清楚中英语文化的差异，英语学习也只能停留在语言层面，深层次的文化学习是无法实现的。同时，教师要加大在英语课堂上中国文化的输入，让中国学生了解到中国文化的魅力，从而使其可以在与外国人交际的过程中向其进行中国文化的输出。

2. 语言层面

跨文化英语教学要以语言为载体，使学生完成对文化语言知识的输入、吸收，当学生进行文化语言输出时，其就能完成高质量的输出。文化语言输出是十分有必要的，其最重要的作用就是要树立学生的自信心，这样就能在跨文化交际中使用流利的文化语言完成交际。在跨文化英语教学中，输入与输出这一原则对于培养学生文化知识的双向导入的能力至关重要，可以让学生在国际交往中用英语友好而顺畅地交流。

(三) 英语教学有效性的原则

跨文化英语教学的最终目的就是要对学生进行跨文化交际能力的培养。有效交际的实现需要一定的条件，前提条件是交际双方要共享一套语言系统，而其他条件还包括交际环境、情境以及规范系统。需要指出的是，这里的交际环境包括两部分：第一，宽泛的交际环境，它主要包括地理环境、文化环境等，这类环境能对交际产生间接的影响；第二，具体的交际环境，主要包括交际双方的角色、交际发生的具体场合等，这类环境一般可直接对交际产生影响。情境一般是文化情境，是交际双方在交际时所处的文化背景。规范系统是保证交际双方交际顺利进行的基础，双方都必须遵循一定的规范。

文化英语教学内容其实十分丰富，教师要实现教学的有效性，就必须要将这些内容都纳入教学中来。具体而言，文化知识的引入可以循序渐进地进行，首先，可以将地理文化、情境文化这类相对而言比较浅层的文化引入教学中，先让学生对文化有最基本的了解；其次，教师再将文化深层次的内容——价值观与社会规范引入教学中。这种内容设计与组织是符合教学规律的，因此，教学的有效性能很快实现。

(四) 以文化促进学习的原则

英语课程是一种兼具工具性与人文性的课程，要求学生不仅要掌握基础语言知识，而且还要掌握语言背后的文化知识。因此，教师在进行高校英语课程设置时，必须要考虑学生的文化素质培养以及跨文化交际能力提高问题。

语言是文化的载体，它记录与传承文化，因此，语言的教学与学习也不可能脱离文化而存在。同时，因为语言也承载着丰富的文化，所以语言也变得更加多姿多彩，语言的使用才更加灵活多样。因此，学习者学习英语，不能仅仅学习语言知识，而且还要了解语言背后的文化内涵，只有这样，才能灵活地使用英语。而对于英语教师而言，在英语教学过程中，其不仅要向学生传授词汇、语音、语法等语言知识，而且还要向学生传授文化知识，让其将文化知识的学习融会贯通到语言学习中，这样其语言综合运用能力才能有所提高。

高校英语教学应该强调以文化为中心，学生在学习语言的过程中完成对文化知识的学习，这里的文化知识是全面的。跨文化英语教学给学生提供的文化知识很全面，这可以在一定程度上拓展学生的知识面，拓宽其文化视野，在此基础上，学生就能了解文化知识对于英语语言学习的重要性，从而根据自己实际的学习情况调整学习目标与学习计划，将文化知识学习纳入自己的学习体系之中。对中英语文化知识的了解与掌握，能帮助学生成为真正的跨文化交流人才。

第二节　高校英语跨文化交际教学内容与方法分析

一、高校英语跨文化交际教学内容

（一）英语文化的教学

跨文化交际能力是学习者在掌握目的语言以及文化的基础上产生的，同时学习者还要兼顾母语以及本国文化，以使自己可以在两种文化的交流中实现跨文化交际能力的提高。由此可见，英语教学不能排除其他文化的内容，一旦其他文化内容脱离于英语教学内容之外，学习者在语言学习过程中就会忽略其他文化，跨文化交际不是一种文化的交流，其他文化也要参与其中，这就导致学习者很有可能无法形成跨文化意识。当然，英语教学的课时是有限的，教师与学生在课堂上的精力也是有限的，学生无法较为全面地体验多种文化系统，但是教师通过选择恰当的教学教材、组织新颖的教学活动，是可以让学生在情境中体验不同文化的，虽然这种体验可能与目的文化有一些差距，但是这在一定程度上也能摆脱母语文化对英语学习的影响。

（二）目的语的教学

目的语教学与目的文化教学这两方面教学内容与当前英语教学内容是一致的，经过这两类知识的学习，学生不仅能够掌握目的语语言知识，而且还能运用所学的知识与目的语群体进行有效的交际，这种能够有效交际的能力就是英语交际能力。此外，在这两个模块教学中，还可以增加语言意识和文化意识教学。之所以要将语言意识纳入模块之中，主要的原因就是希望学习者在学习完英语之后，可以将英语与自己的母语进行比较，进而发现二者的差异，总结语言的普遍规律，最重要的是要能认识到社会、文化在语言形成与发展过程中所起的重要作用。而培养学习者的文化意识则是让他们对中英语文化有足够的了解，保证其跨文化交际能力能有所提高。此外，文化教学还涉及文化交流这部分的内容，文化交流是学习者本族文化与目的文化之间的交流。换言之，学习者在学习英语的过程中还要多接触英语文化，从而保证自己可以在学习西方文化的同时，认识到本国文化的优势以及英语文化学习在英语教学中的重要性。文化交流与文化使用并不是单独存在的，二者一般属于一个范畴之内，相互作用。

二、高校英语跨文化交际教学方法

（一）英语课堂的教学方法

第一，挖掘教材中所蕴含的人文精神，结合教材丰富学生的人文背景知识。学生英语学习并不仅仅是语言的学习，文化知识的学习同样重要，这是因为英语文化背景知识能帮助学生理解语言的语境，使其可以准确理解词汇、句子的含义。在英语学习中，部分学生经常会遇到这样一个情况，明明这篇文章中的每一个单词都认识，每一个句子也能翻译出来，但是如果从整体上把握整篇文章，学生就非常吃力，这主要是因为学生缺乏必要的文化背景知识，这就给学生提出了新的要求，学生不仅要学习语音、词汇与语法等语言知识，而且还要对各种文化知识有所了解，只有对文化有清楚的了解，其才能感知文章的主要内涵，准确地理解文章含义。

语言是文化的一部分，如果学习者只学习英语，而不了解英语背后的文化知识，那么英语学习只是一种浅层的学习，这就要求教师在课堂上可以在分析英语教材的基础上，向学生传授一些与教材相关的文化背景知识，从而帮助学生更好地理解语言与文化。

英语教材所收录的内容十分丰富，其并不是简单的一本书，它囊括了不少西方人文知识，能帮助学生了解地道的英语文化。教师向学生传授人文知识，不仅是要他们掌握这些知识，更重要的是要让这些知识对学生的价值观、人生观以及世界观的形成产生积极影响，以使他们可以在社会上生存并发展。

第二，通过对文学和影视作品的鉴赏来培养学生的人文精神。许多文学作品与影视作品中所呈现的英语表达恰恰是英语的地道表达，同时还呈现了英语文化的真实面貌。因此，在跨文化英语教学中，教师在讲解某一部分内容时，可以适当地为学生播放一些与内容相关的经典英文电影，也可以推荐给学生一些与此相关的经典文学作品，经典作品往往是人生观以及世界观的准确传达途径。

第三，运用教学方法来塑造学生的人文品格。教师要将传统教学的以教师为主体的教学方法，转变为以学生为主体的教学方法，并对学生的自主性学习意识与能力进行培养。在网络时代，教师要多用微信等与学生进行交流，了解学生的人文诉求，这样教师就能根据学生的实际需求来搜寻文化知识。教师可以利用网络搜寻文化知识，丰富的文化知识有利于对不同学生的人文品格进行塑造。

（二）第二课堂的教学方法

第一，举办英语文化节。为了让学生更加主动地学习英语，高校可以为学生设立一个英语文化节；同时，对学生展开调查，了解学生喜欢的活动形式，并在节日期间举办多种多样的活动。例如，英语歌曲比赛、英语电影配音等，在这些活动中，学生是主体，但是高校也不能将所有活动的组织都推给学生，高校以及英语学院有关部门也应该积极参与进来，共同推动英语文化节的举办，这在一定程度上还能拉近教师与学生之间的距离，促进教学有效性的实现。更重要的是，举办英语文化节可以被当作一种学校文化传统延续下去，学生就会更加乐于学习英语，认识到英语的魅力。

第二，组建各类英语社团或俱乐部。每个高校都会存在着大量的社团与俱乐部，这里是发挥学生所长的地方，是激发其主动性、想象力、创造力的场所，是培养团队合作意识和协调能力的绝佳平台，当然也是英语语言实践的有利场所。社团和俱乐部可围绕某个特定主题开展相应活动，并聘请外教和骨干英语教师作为特邀嘉宾予以指导。

第三，编辑英文杂志。高校可以设立一个英文杂志编辑部，只要是喜欢英语的学生都可以将自己的英文稿件投稿到编辑部，当学生的稿件在杂志上刊登时，学生的自信心就能迅速建立起来，其学习英语的积极性也能调动起来。为了确保英语稿件的质量，编辑部审稿的人必须要了解一些常规的出版知识，有着较高的英文水平。

第四，举办英语竞赛。高校还可以为学生提供多样的竞赛平台，以保证学生可以获得展示自己英语才华的机会。高校举办的竞赛活动形式要多样化，同时举办频率也要高一些，这样学生就能时刻都有竞赛可以参与，其英语水平也能有所保障。英语竞赛活动要注重趣味性，激发学生参与的积极性。

第五，在日常生活中学习英语。英语学习当然要重视理论的学习，毕竟理论知识是学生运用英语的基础与前提，但是与英语基础理论知识学习相比，英语实践教学更加重要。因此，学生要想学好英语，就必须要将英语学习践行到生活中，从日常生活中接受英语文化的熏陶，多与学校的留学生交朋友，多与学校的外教交流，这样学生就能使自己置身在英语文化环境中，从而培养自己的英语应用能力与跨文化交际能力。此外，高校还可以通过设立英语广播站为学生播报英语新闻，让学生学习英语的地道用法。同时，还可以在校园报告厅中定期放映一些经典英语影片或一些生动有趣的视听材料，让学生经常能领略到英语的魅力。

第六，创办"英语学习种子班"。教师可以从不同学院中选拔一些英语成绩较好的学生，并对其进行统一的口语、听力等方面的培训，这些培训必须要在"第二课堂"中进行，当这些接受培训的学生顺利"毕业"之后，其就可以回到各自学院，将英语学习的先进方法传授给其他同学，从而带动其他同学的英语学习积极性。

第七，建立基于网络的高校英语自主学习平台。教育领域的研究内容有不少，而自主学习长期以来都是研究的重点与热点。在课程与教学论领域，自主学习能力被看作是一项教学目标，培养学生的自主学习能力成为教师的任务之一；在学习论领域，自主学习被看作是学习方式的一种，这种学习方式水平高，能保证学生学习的质量。

在"第二课堂"中开展自主学习，可以通过不同的手段进行，主要包括：①自主学习中心，这是一种比较特殊的教学方式，该方式的使用转移了人们的注意力，人们的注意力从自主学习的组织转变为自主学习与课程的结合。②计算机辅助教学。计算机技术的发展给教育领域带来了巨大变革，英语教学也不例外，英语跨文化教学需要大量的文化资源，利用计算机技术，学生可以自由地从互联网上获取相关资源，并且能对获取的资源进行分析、思考，从而有效地提高其自主学习能力。③串联学习。两个学生之间分别学习对方的语言作品，并对作品进行合理的评价，促进彼此的再进步。通常情况下，它与自主学习往往相伴而生，两种学习方式的学习能发挥更大的效力。

随着计算机技术的飞速发展，人借助网络能较好地实现学生的自主学习目标，网络在这一目标实现上往往表现出两大优势：第一，能为学生创设比较生动的语言环境，网络以图片、音频与视频给学生带来了丰富的感官刺激，极大地刺激了其英语学习的积极性；第二，能将学生的主体地位凸显出来，网络能让不同的学生找到适合自己的学习资料与学习方法，能促进学生个性化学习的实现。

基于网络在跨文化英语教学中的重要性，高校可以建立一个基于网络的高校英语自主学习平台，为学生提供自主学习、交流探讨、教师指导等不同模块，如自主学习模块是学生自主完成探究的模块，交流探讨是学生之间就某一问题进行探讨的模块，而当学生遇到无法解决的问题时，就可以在教师指导模块上向教师请教。

第三节　高校英语跨文化交际教学的学生能力培养

一、学生跨文化交际能力培养原则

学生学习英语的最终目的就是要提高自己用英语进行跨文化交际的能力，而这一能力提高的前提就是要加强自己的语言知识与非语言知识的积累。因此，在英语教学中，教师不仅要注重对学生进行语言知识的传授,强调学生的口语训练,而且还要向学生传授一定的文化知识,为学生创设文化学习环境,这样学生才能形成跨文化交际意识,才能最终培养自己的跨文化交际能力。培养学生的跨文化交际能力,应该遵循以下方面的原则:

(一) 实用性原则

实用性原则指的是教师在课堂上进行文化导入工作时,必须要与学生生活、学习的实际相联系,对于那些能够影响学生跨文化交际的因素,教师要仔细分析,在教学中要提醒学生规避有些因素对学生跨文化交际所产生的消极影响,同时,教师要鼓励学生反复操练,把理论知识应用到实践中。因为跨文化交际本身就是一个实践过程,在英语教学中导入文化就必然也要加强英语实践教学,也就是要遵循实用性原则。

教师必须要认识到这样一个问题,那些与学生所学习的知识有关联性的文化往往对学生有较大的吸引力。因此,教师在英语跨文化教学中,应该多选择与学生所学相关的文化知识,并组织一些实践活动,让学生在实践中检验所学,这样相对抽象的理论知识就会生动起来,同时还能在很大程度上激发学生学习英语语言与文化的积极性。对于能够直接影响信息准确传递的文化知识,英语教师要在课堂教学时认真传授给学生,也就是要将英语语言教学与文化教学有效结合起来,这样学生不仅能更加主动地学习英语语言与文化知识,而且也能更加清楚语言与文化之间存在的密切关系。

语言与文化联系紧密,从这个层面上而言,其实语言教学也可以是一种文化教学,这就要求教师要在实践教学中既重视语言知识输入,也要重视文化知识输入。

(二) 适合性原则

适合性原则是指学生的所有文化学习项目都应该始终保持与教材、教学内容与教学方法的联系。教材上的内容都是通过筛选以后留下的最为适合进行英语跨文化教学的资料,因此,必须要与教材保持密切的联系。

为了更加适合当代学生的文化学习需求,在内容选择上不仅要选择西方经典文化,而且还要引入流行在西方当代社会上的文化。

在教学方法层面,适度性体现在要协调好教师讲解与学生自学之间的关系。教师在课堂上就一些文化问题对学生进行讲解,同时,还会鼓励学生在课下通过阅读了解西方文化知识,这样,通过课堂与课下的双重努力,学生就能较为全面地掌握西方文化知识。

(三) 持久性原则

在全球化进程的不断推进下,来自世界范围内的不同民族的人实现了友好的交流,跨文化交际已经成为人们生活的重要组成部分。虽然跨文化交际让人们认识到了不同的文化，但是在交际过程中人们也会面临一些问题，主要问题是他们都在努力使自己成为一个具有较高的跨文化交际能力的现代人，不过，实现这一目标较为不易。

教育是完成现代人上述目标的有效途径。所以，在英语教学中，教师要持续性地将一些西方文化导入到英语课堂上，即使在讲授英语语言知识时，教师也可以通过让学生比较英汉语言结构上的差异探究背后的文化差异，久而久之，学生就会不自觉地形成一种文化敏感性。文化敏感性的形成可以帮助学生在以后的跨文化交际过程中始终保持对异文化的敏感，进而不轻易对异文化进行评判，这能够有效避免不少在跨文化交际过程中的语言与文化失误问题。

总而言之，语言知识学习与文化知识学习是紧密相关的，语言知识学习是文化学习的基础；学生跨文化交际能力的培养也应该与英语听说读写译教学结合起来，教师要充分利用恰当的教学方法将文化知识贯穿在教学之中，以保证学生可以时时刻刻学习文化知识，培养自己的跨文化交际能力。

二、学生跨文化交际能力培养内容

跨文化交际能力是一种综合性的能力，它主要包括以下能力：

（一）言语交际能力

言语交际能力不仅包括交际者在交际过程中需要具备的语法知识，而且还包括其对词汇概念与文化意义的理解与运用的能力；不仅包括交际者在交际过程中使用语言的正确性，而且还包括其在特定场合使用的语言是否得体。在各种跨文化交际能力中，语言交际能力非常重要，它是整合交际能力系统的核心。如果交际者不懂得外语，也了解语言基础知识或者不具备一定的交际素质，那么其就很有可能失去这一核心能力。

（二）非言语交际能力

非言语交际手段与行为同样在人们跨文化交际中发挥重要作用，一方面，它可以对人们的言语交际行为提供一定的帮助与配合；另一方面，当人们在跨文化交际过程中遇到问题时，其还是一种不错的补救手段。通常而言，在跨文化交际过程中，人们总是会自觉关注自己的言语交际行为，会考虑自己的用语是否准确、得体，却也容易忽略非言语交际行为，这很容易导致交际过程中文化冲突情况的出现。

（三）语言规则和交际规则的转化能力

语言规则很好理解，就是学生一直以来学习的语音、词汇、语法规则体系。交际规则指的是人们在跨文化交际过程中需要遵循的交往行为准则，也可以将其看作是在人们后天具备一定认知能力的前提下而形成的行为方式，这一准则能够对发生在跨文化交际过程中的一切交际行为予以指导，同时，它最显著的一个特点就是文化特性比较强。

交际不仅会受到语言规则的制约，也会受到交际规则的制约。交际规则与文化的关系密切，它根植于深厚的历史文化，因此，不同民族文化不同，也就会形成不同的交际规则。学生在学习跨文化交际技能时，不仅要学习语言规则如何转化，而且还要学习交际规则如何转化，而且后者相对来说更加重要。这其实也在表明，培养学生的跨文化交际能力，其实就是培养其两种规则的转化能力。

在跨文化交际过程中，交际者使用的语言是外语，当交际者语言不过关时还需要翻译，很明显，交际过程中充满着复杂的语言规则变化，需要交际者好好应对。但是与语言规则的转化相比，交际规则的转化更难，因为它需要解决文化层面上的问题，解决交际者在跨文化交际过程中的风俗习惯、思维方式以及价值观念等诸多差异问题。

（四）文化适应能力

我们不能单纯地将文化适应能力看作是身居国外的人在面对新的文化环境所展现出来的适应能力，而是要将人们身居所有异文化中在面对新的文化环境时所表现出来的所有适应能力都看作文化适应能力。当人们具备了这一能力时，其就可以在一定程度上克服文化休克，能对新文化有正确的认识，能客观看待新文化对自己思维方式、价值观念等的影响，并可以在尊重自己本民族文化的基础上做出恰当的改变，这样才能适应新文化，自己也才为新文化背景下成长起来的人所接受。此外，在跨文化交际过程中，人们还需要对交际过程中可能出现的由于文化差异所导致的干扰、冲突文化有效避免，这也是顺利进行跨文化交际的一个重要前提。

三、学生跨文化交际能力培养模式

（一）斯皮茨伯格的跨文化交际能力模式

跨文化交际能力的模式是由三个系统组成的，分别为个人系统、情节系统和关系系统。

第一，个人系统是指那些个人所具有的能够促进跨文化交际有效进行的所有特征，这些内容不仅包括知识与技能，也包括动机。

第二，情节系统指的是在特定交际情境中，交际双方成功进行交际的特征。这一系统非常重要，它不仅对某一个特定的情节提供帮助，而且还对整个关系系统产生影响。

第三，关系系统是人们在跨文化交际过程中所呈现的各种关系。不仅有交际双方之间的关系，还有时间、地点等关系。

三个系统并不是各自独立的，它们彼此相互影响、相互促进。个人系统是情节系统的前提，将所有的情节系统整合起来就形成了关系系统。当交际者具备了不错的个人系统，其就有很大的机会在特定情节下顺利完成交际，倘若其能够在大多数特定情节下都能顺利完成交际，那么就可以说其已经具备了不错的关系系统。

（二）米迦勒·拜拉姆的跨文化交际能力模式

米迦勒·拜拉姆对跨文化能力与跨文化交际能力进行了比较分析，认为二者之间是存在差异的。在他看来，二者在组成要素上就已经有了明显的差别，跨文化能力的组成要素为知识、态度和技能，而跨文化交际能力除了包括这些能力之外，还包括语言能力、社会语言能力和篇章能力。关于跨文化交际能力的培养问题，他认为可以在课堂上完成，也可以在实践活动中完成，甚至学生可以通过自主学习实现。如果在课堂上完成，就对英语教学提出了相对较高的要求，要求教师不仅要在课堂上教授学生英语语言知识、篇章知识，而且还要教授学生文化知识，这里的文化知识当然不只包括西方文化知识，还应包括中国文化知识。同时，还要帮助学生树立正确对待外国文化的态度，更重要的是，要帮助学生掌握一定的跨文化交际技能。

经过不懈的探索，总结教学、研究经验，米迦勒·拜拉姆提出了跨文化交际能力的理论模型，认为这一模型主要包括态度、知识、技能和文化批判意识四个部分。

态度是指怎样对待我文化与他文化在价值观念、信仰以及风俗习惯等层面上所表现出来的差异，一般认为，在进行跨文化交际的过程中，态度是非常重要的，它是人们进行跨文化交际的基础。因为受到地理、历史等不同因素的影响，英语学习者对西方国家的文化也会产生不同的看法，这种看法也许是错误的，学习者应该以一种开放的心态去接触西方文化，在尊重本民族文化的基础上去接触西方文化，愿意与西方人进行语言与文化上的交流。这样学习者就走出了固执的困境，在中西方文化的比较中客观看待中西文化，这样才是跨文化交际成功必然要树立的正确的态度。

知识是指对自己本民族文化以及目的语国家的文化有清楚的了解，不仅包括对目的语国家风俗习惯、价值观念等的了解，而且还包括对国家的个体以及社会等的全面把握。这种了解可以具体体现为以下方面：了解两个国家在历史上与现在的交往情况，了解造成两国文化差异的具体原因，了解彼此的文化在对方国家的传播情况，等等。

技能是交际者在自身原有知识体系的基础上对外来事物以及文献进行理解并发现其内涵的一种能力。技能通常包括两部分的内容：第一，解读与联系的技能，就是交际者可以对对方的文化予以解读,同时还能将这些文化与自己本民族的文化相联系,以找出二者之间的差异与共性;第二,发现和交往的技能,能够将对方文化中的新知识挖掘出来,并可以利用这些新知识去解决交际过程中遇到的新问题。从本质上来看,对人们技能的培养其实就是对其文化敏感性的培养,而对文化敏感性的培养则是培养人们跨文化交际能力的基础。

在一定已经明确的标准框架之下对本民族与其他国家的文化进行甄别、评价就是文化批评意识。评价的内容极为丰富,不仅可以评价两国的文化习惯,而且还能评价两国的文化产物。

跨文化交际教育的主要任务之一就是要培养学习者的文化批判意识,只有具备了一定的文化批判意识与能力,其才能以更加开放、包容的心态看待其他国家的文化,也才能在具体交际中选择合适的交际方法。学习者文化批判意识形成的途径主要是教育,这里的教育不仅包括一般性的校内教育,而且还包括校外教育,同时,需要指出的是,校内教育并不仅仅局限在学校范围之内,它既包括课堂教育,也包括第二课堂教育。换言之,培养学习者的跨文化交际能力,需要让其置身于多元的教育环境中,这样才能全方位地吸收语言文化知识。

四、学生跨文化交际能力的培养环节

第一,跨文化交际能力培养的环节主要涉及师资、测试、教学方式等。在师资层面,要求外语教师不仅要具备较高的外语水平,而且还要求其要扎实掌握各种文化知识;在测试层面,应从交际的特点、目的等出发,建立一套相对比较完备的考试以及评价体系;在教学方式层面,应该摆脱传统教学的束缚,引入信息技术创新教学手段。

第二,高校所开展的跨文化教育工作是一项系统工程,培养学生的跨文化交际能力需要各方的通力合作,需要学校管理层、教师的共同努力。在管理层面方面,学校管理人员应该制定科学的管理制度,加强教师的文化素养培训,加强校园文化管理,从而保证跨文化教学的顺利实施。在教师方面,教师应该设置合理的课程目标,安排多样的教学内容,选择恰当的教学方法,能够将跨文化教学的理念贯穿在教学的所有环节中。

五、学生跨文化交际能力的培养路径

(一)建立开放、宽容、尊重的文化态度

每一个参与跨文化交际的中国人,都是中国形象的代表,其在跨文化交际过程中所展现出来的中国人的行为准则直接影响着外国人对中国人以及中国文化的看法。

中国经济飞速发展，中国与世界其他文化也交流频繁，这就让中国学生在进行跨文化交际的过程中面临着如何看待中国文化与西方文化的问题。中国学生应该以一种开放的心态看待中西方文化，尊重中西方文化之间存在的差异。中国学生只有拥有这样积极的态度，才能在跨文化交际过程中赢得别人的尊重，中国文化也才能在世界范围内获得传播。世界上所有的文化都有自己特有的优势，对于西方文化，中国学生要注意学习其精华部分，大学生在学习英语的过程中，必须要以虚心的态度、包容的态度面对它。

（二）明确学习目标，培养人文素养

在英语跨文化交际教学中，获取工具性与人文性知识是基本，目的是要培养学生的人文素养，提高其跨文化交际能力。因此，不仅教师要明确英语跨文化教学的目标，学生也要对自己的英语学习有更深层次的理解，也就是要更加重视西方文化知识的学习。学生要在充分理解英语教学总体目标与具体目标的基础上，自觉了解西方文化背景知识，自觉养成在英语语言知识学习过程中学习西方文化的习惯。

（三）要激发自己的学习动机

影响第二语言学习的因素有很多，有客观因素，也有主观因素，其中，学习动机是主观因素中比较受人关注的一个方面。无论是研究者，还是教师，都一致认为动机是促进学生外语学习成功的关键因素。因此，教师在英语教学中应该意识到这一问题，主动采取一切手段激发学生的学习动机。

学习动机可以分为两种：一种是工具性动机，学生基于学分、文凭等实际的目的所产生的动机就是工具性动机；另一种是融合性动机，学生基于对目的语语言以及国家的喜爱所产生的动机就是融合性动机，具有融合性动机的人特别希望自己可以融入目的语国家的社会，特别希望自己可以与目的语国家的人们进行深层次的文化交流。

与工具性动机相比，融合性动机更加有利于学生第二语言的学习，这是因为融合性动机产生的前提就是学习者对目的语以及其背后的文化有兴趣，这就能激发其学习目的语的兴趣，同时也能使其在学习过程中付出更多的努力，这就要求教师在英语教学中要不断激发学生的融合性动机，让其可以自觉学习西方文化。

（四）掌握学习策略，善用学习方法

学习策略是学习者在学习活动中所使用的能够促进自己学习活动发展的方法与技巧。而且，学习策略与学习效率之间也有着密切的关系，学生只有掌握了科学的学习策略，其学习效率才能真正有所提高。此外，学生的学习活动并不是一种被动式的活动，它具有主

动性，要求学生要自觉进行学习活动，形成良好的学习习惯。

在这个知识量不断增加、知识更新速度不断加快的时代，学生学会使用学习方法要比学习知识更加重要。因此，教师也应该明白这一点，在教学过程中，有意识地对学生的学习活动进行引导，一旦发现学生出现了学习方法不当问题时，应该及时告知学生，与学生一起找到适合的学习方法。

（五）扩展知识经验

过去，英语知识的获取手段比较有限，因而教材上的知识就是英语知识体系的大部分内容，甚至是全部。但是随着学生学习需求的不断增加，教材上提供的知识越来越无法满足学生的需求，尤其是学生有着跨文化的需求，这是教材无法真正满足学生的原因之一。

大学英语跨文化教学不仅要求学生要积累丰富的语言知识，而且还要能积累丰富的文化知识。因此，教师可以鼓励学生在课下多阅读一些西方经典文学作品或者多观看一些英语电影，这样，学生就能相对直观地认识与了解西方文化，从而也能进一步丰富自己的知识经验体系。

（六）加强民族文化认同

人们早已经习惯自己所处的社会环境与文化环境，因此他们一般情况下是不对自己的文化环境进行观察的。在英语教学中引入西方文化，能让学生在学习英语的过程中跳脱出中国文化的框架，从而使英语学习更加科学。跨文化交际知识是学生英语学习的重要组成部分，只有学习这类知识，学生才能更加清楚地了解西方文化与中国文化，中国文化在跨文化交际教学中的作用一直都是被忽视的，鉴于此，教师必须要多在英语课堂上融入中国文化，逐步加强学生对中国文化的认同，这样学生才能在中西文化对比中不断培养自己的跨文化交际能力。此外，学习中西文化还能进一步减少学生在跨文化交际中的交际失误。

第四节　大数据时代高校英语的跨文化交际教学策略

大数据时代下，互联网与计算机网络技术的普及，使得高校英语的教学资源更加丰富，学生学习的主动性增强，学习力的提高使得传统的英语教学不能满足高校学生的素质教育和能力发展要求。因此，英语跨文化交际教学应运而生。语言和文化是密不可分的，语言是文化的载体，同时又是文化的重要组成部分。高校学生在学习外语的过程中往往受到文化因素的影响和制约。因此，要想让学生熟练地掌握两种或多种语言，就必须同时掌握两种或多种文化。只有了解并能跨越这些国家的文化障碍，才能真正地学会和学好外语，才能在今后的学习、生活以及工作中进行无障碍的沟通与交流。

新时期高校英语教学的一个重要目的就是培养学生的跨文化交际能力，使学生能够与不同文化背景的人进行无障碍的沟通与交流，从而全面提高英语教学的质量和水平，提高学生的英语应用能力和跨文化交际能力。为了实现这一目标，广大英语教师应群策群力，研究和探索高校英语跨文化交际的建设方案和路径，使高校英语教学水平上升到一个新台阶。

英语跨文化交际并不是一个简单的过程，教学过程中并不是让学生仅仅学会一门外语的语音、语法规则和掌握一定量的词汇，而是让学生在跨文化交际中，了解交际双方的不同文化和不同文化背景中的差异，从而尊重和理解不同国家的文化异同。因此，探索和研究如何培养学生的跨文化交际能力，是提高大学英语教学水平，培养更多适应未来社会的外语人才的重要环节。

从语言交际教学角度出发，英语作为第二外语的习得，它的语言理论基础是把语言看作是交际。即语言是作为一种交际的手段，学习语言的目的就是运用语言进行沟通和交流。那么英语教师就有责任提高学生的跨文化意识，培养学生的跨文化交际能力，让学生在学习语言知识的基础上，熟练地掌握目的语国家的风土人情、文化背景、核心价值观念以及生活方式等，达到对其了如指掌、运用自如的程度。所以我们在大学英语课堂教学中应该采取必要的方法和手段来提高学生的跨文化交际能力。

在大数据时代的背景下，高校英语教学的过程中，可以充分地利用优质的网络教学资源进行跨文化交际教学，教师可以通过模拟情景对话的方式，以及英语配音练习等方式加强学生的跨文化交际能力，教师同时可以在线辅导答疑，实时监控学生的学习效果，并为学生建立配音作品的电子文本和档案等方法来提高和加强学生的语言表达能力和跨文化交际的能力，具体方法如下：

第一，在听力课堂上，英语教师选择听力材料时，尽可能地多选取一些涵盖不同国家、不同社会生活、不同文化和不同知识领域的语言材料，以英语视听说的课程形式开展听力和口语训练。学生一方面可以较系统地进行听力训练和口语训练，另一方面也可以用不同的视角观察来自不同国家和不同文化的人的思维方式，培养学生形成正确的人生观、价值观和世界观，见识世界的多样性，并在此过程中融入批判性思维，提高学生的思辨能力。高校英语教师可以精心选择展现世界文化多样性的视听材料，设计丰富的跨文化比较案例，使学生能够身临其境，很深刻地了解不同国家的语言和文化，从而提高不同语境下的听力理解能力，帮助学生消除听力障碍、提高学生听力技能的同时，拓宽其视野。

第二，在英语阅读和写作课上，高校教师通过给学生布置具有真实交际意义，并融合各项语言技能的写作任务,来全方面地提高学习者的写作能力、语言运用能力和跨文化交际能力。一方面高校教师在围绕"描写""叙事""论述""学术论文的谋篇和布局"等核心写作技能开展写作课程的同时,也要注重学生写作过程的思考和写作过程中出现的跨文化交际材料的选取。

第三,"在口语课堂上,高校英语教师可以把提高学生的口语交流能力作为主线,重点突出、循序渐进地进行英语对话、英语主题讨论、演讲、辩论等,以提高学生的英语口头交流能力"[①]。

综上所述,高校英语教师可以通过以上这些方法来有效地提高英语教学中的跨文化交际,并依托大数据时代,培养高校学生学习英语的积极性和主动性,从而提高高校学生的跨文化交际能力。

[①] 孟令波. 浅谈大数据时代下高校英语的跨文化交际教学 [J]. 饮食科学,2018(22):170.

第六章

大数据技术在高校英语信息化教学中的应用

第一节 大数据时代高校英语信息化教学资源的优化

信息资源是人类社会认识世界和改造世界的精神产物,它凝聚了人类的智慧成果。在一定条件下,信息资源的创造者享有知识产权,它具有商品的属性,可以被销售、贸易和交换;但是,就信息资源的共享性特征来说,信息和知识一旦物化为信息资源,并通过一定方式供人们交流和传播时,它就自然变成了人类社会共享的精神财富、共享的社会财富,任何人无权全部或永久买下信息的使用权。这时,信息资源就可以被人们反复利用、复制、传递和再生,为经济建设和社会进步服务。

随着社会全面信息化和知识经济时代的来临,信息资源对促进国民经济和社会发展的作用日益明显。今天,人们已经把信息资源和能源、材料并列为当今世界的三大资源。换言之,信息、能源、材料已经成为当今科学技术的三大支柱。在现代社会中,我们应该充分认识信息资源对国家和民族的发展,对工作和生活的至关重要性,我们要重视信息资源的开发和利用,把它作为国民经济和社会发展的重要战略资源来对待,把它作为整个社会信息化体系的核心内容来建设,使信息资源真正成为社会发展最重要的推动力量。

"教学资源是课程内部的构成要素和运作条件,它不断地为课程及课程实施提供必要的物质、能量和信息,是课程和课程实施的坚实基础和重要保障。课程实施的范围和水平,不但取决于教学资源的丰富程度和拓展广度,更取决于教学资源的开发水平和利用率"[1]。

社会发展已经进入信息化时代,在大学教学中也逐渐使用了信息化技术方法,通过信息化的教学方法,能够为学生创造更精彩的学习环境,并且与大学生的喜好特征保持一致,使学生能够在学习中感受到快乐,以便更高效地学习英语知识。英语学科作为语言类

---

[1] 唐君. 高校英语信息化教学研究 [M]. 北京:中国国际广播出版社,2017:133.

科目，对学生的应用能力要求极为严格，因此语言环境营造对大学生英语成绩提升是十分重要的。在信息化背景下，教师可以在课堂上搜集一些网络中的英语教学资源，并将其应用在教学环节中，学生可以了解到的英语知识资源不仅仅局限在书本范围内，更能够了解到真实的语言应用案例，并在日常生活中能够灵活应用英语知识。虽然信息化背景下英语教学得到了很大的进步，但在资源应用时如何优化目标仍然是现阶段需解决的问题，只有通过资源优化，才能够在高校英语教学中取得更理想的成绩。

一、大数据时代高校英语信息化教学资源类型

通常认为，"信息化教学资源"属于信息资源的范畴，是从狭义理解上的一种特殊的信息资源，是"经过选取、组织，使之有序化的，适合学生自身发展的有用信息的集合"。本书所讨论的信息化教学资源，主要指蕴含了大量的教育信息、能创造出一定的教育价值、以数字信号的形式在网络上进行传输的信息资源。学习资源可以提供给学生使用，能帮助和促进他们学习。这些教学资源的要素可以单独使用，也可以由学生将它们合起来使用在信息化时代，世界上的知识总量每3~5年就翻一番，网络几乎成为最主要的信息来源。然而，教育信息资源相对于其他信息仅占一小部分，但是这一小部分的信息资源相对于我们的需要来说已经很多了。面对这么多的教育信息资源，为了便于查找，有必要将它们进行分类。

（一）根据形态进行划分

从资源的形态上，我们习惯把网上的教育信息资源划分为八大类：电子书籍、电子期刊、网上数据库、虚拟图书馆、百科全书、教育网站、虚拟软件库和新闻组。

第一，电子书籍。现在网上电子书籍的类型主要有名家的经典著作、网络畅销书等，如莎士比亚的著作等。目前，使用网上的电子书籍通常是免费的。然而，随着读者越来越多地利用网上资源以及相应的有关版权问题，有部分电子书实行收费制度。

第二，电子期刊。电子期刊主要包括了电子报纸、电子杂志和期刊、电子新闻和信息服务等。电子期刊现在已经成为主要的网上信息资源。由于电子期刊方便查找和阅读，其需求量也越来越大，其内容基本与印刷期刊相同。一般情况下，学科专刊的电子期刊均实行收费制度。网上数据库：网上有各种各样的数据库，如图书馆目录、专门用途的数据库和地址簿等，但只有前两种可以用于教育。网上数据库越来越多，而且使用起来非常方便。数据库的界面设计都非常人性化，只要学会了计算机的基本操作，就可以熟练使用数据库。

第三，虚拟图书馆。虚拟图书馆是一个比较广泛的概念，可以泛指各种有组织的网上

信息库。如清华大学虚拟图书馆、万维网虚拟图书馆等,当然这些属于比较严肃的学术和科研机构建立的网上信息库。这些信息库广泛收集网上的学术作品和相关网站地址,按一定规则进行分类编目,有的用超文本建立索引,有的用关键词检索等。此类虚拟图书馆由于有专业人员对信息进行筛选和组织,信息质量比较高,具有很高的参考价值。

第四,百科全书。电子百科全书(包括电子辞书)是近年来才开始发展起来的。不过,最著名的百科全书《大英百科全书》在1996年6月的时候就已经有了在线服务。到目前为止,相对于印刷的百科全书,电子百科全书在某些方面还存在一定的局限性,尤其是在照片和其他的多媒体元素方面。不过,我们相信随着信息技术的发展,电子百科全书将能克服这些不足,而且能够提供更广泛及时的信息(包括三维动画、声音和视频等)。百科全书的另一个优点是它基于超文本设计,易于浏览查询。

第五,教育网站。一些与网络相连的教育机构逐渐开始发布它们自己的数据资源,如用于课堂教学的附加材料、学生的论文,甚至是完整的网上课程。教育站点的内容通常包括了不同教育阶段的所有方面。教师为了上课的需要,可以利用主要的搜索引擎,通过选择恰当的目录或关键字来进行信息搜索。如大部分市教育局均建立了教育信息网,其中内容丰富,包括了学科教育资源,既有供教师使用的,也有供学生阅读的学科资源,既有以文本的形式出现的,也有以视频的形式出现的。通常这些由市教育局建立的教育信息网都是免费的。

第六,电子新闻组。电子新闻组基于电子邮件的讨论列表是根据不同的用户感兴趣的主题,一级一级组织起来的。利用新闻组,学生可以同世界各地的用户交换信息。新闻组的规模有大有小,教师在为学生推荐个人新闻组时应该考虑到这一点。

第七,虚拟软件库。虚拟软件库专门收集免费软件、共享软件,可供自由下载使用,但共享软件对使用期限有一定限制。软件库里不乏教育软件,如 Google Earth。

(二) 根据结构优良性划分

不同的信息化教学资源,在教学中有着不同的应用倾向。针对以信息技术为载体的教学资源而言,从结构化视角将其分类。

第一,良构化教学资源:指那些结构良好的数字化教学资源,它们构造规范、组织清晰,利用元数据进行归档管理,便于检索和利用。如 CAI 教学课件、学术论文或者是一些有研究价值的试题等,这些资源大部分结构良好,不可直接修改,而且比较规范,存放有序。

第二,劣构化教学资源:指那些离散、片段、格式不一的数字化教学资源信息,它们的结构形态低劣或不完善、无序化。网络上的劣构化教学资源非常丰富,如教师的教学反思、教学案例等。这些资源大多是记录课堂教学的一个片段，没有统一的格式，比较零散，也不完善。

第三，半结构化（适构）教学资源：指介于良构与劣构资源之间的其他数字化教学资源。随着教学资源的开发，半结构化的教学资源深受一线教师的喜爱。半结构化教学资源虽然组织清晰，但也有待改善。如天河部落，它是广州市教育科研网，这里收集了大量的优质教学资源，如教学设计、教学反思、教研综述等，这些教学资源都是以一定的形式有序地组织起来的，学习者（如一线教师）能在学习其优点的基础上，进一步完善，并促进自身专业的发展。

无论是良构化教学资源、劣构化教学资源还是半结构教学资源，均对教学资源的开发和使用起到积极的作用。结构化的教学资源一般具有较高的研究价值，方便各地教育者和受教育者使用，但其适应性不会很强；而劣构化教学资源对于学习者提出更高的要求，学习者首先必须有自己的一些观点，并带着借鉴和批判的心态进行学习研究，取其精华，去其糟粕；而对于半结构的教学资源，学习者可结合半结构的特点，根据自己的经验，对其进行修改和完善，最后使其成为适合本地区使用的教学资源，修改和完善的过程也对教育者的能力提出了更高的要求。但是，从教师专业发展的情况来看，半结构化的教学资源对于促进教师专业发展具有极大的作用。

（三）根据内容相关性划分

第一，内容特定的教学资源：根据具体课程教学内容而特定设计的资源，如试卷、练习等。它们通常针对明确的教学目标而设计开发。

第二，内容相关的教学资源：内容与课程有部分关系的资源，如各种电子读物；或者是内容与课程有间接关系的资源，如游戏软件；或者是包含了课程之外的大量拓展内容，如电子百科。

第三，内容自由的教学资源：实际上是一些用于支持普通学习活动的原始资源素材和工具性软件，主要包括原始素材、内容开放型网页等。

从上述结构优良性、内容相关度两个维度出发，并以资源的形态为例，可以构建一种信息化教学资源的教学应用特性分布矩阵图，并按此图将各种信息化教学资源进行粗略定位。

在实际教学活动中，各种信息化教学资源都得到了不同层次的运用，尤其是良构维度的教学资源，这一维度的教学资源有着使用方便、操作简单、效果明显的优势，使其在教学活动中频繁出现。但是，为了更好地发展学生的各种能力，一线教师更应该在重视良构教学资源的基础上，将教学资源向劣构以及内容的自由方向上发展。

二、大数据时代英语信息化教学资源建设意义

(一) 促进教师教学观念的更新

教学资源概念带来了全新的课程理念，教材不再是整个教学活动的中心，教师对学生的评价也不再以学生是否掌握了书本内容为准，而是基于整个教学活动的课程目标完成情况。全新的教学模式和评价标准不管对教师还是学生都是一种挑战。对教师而言，整个教学设计过程和实施都围绕教学活动是否有助于课程目标的完成，除了关注是否完成了教材上的教学内容外，更要思考如何高效开发大学英语教学资源，培养学生的自主学习能力，引导学生完成课程目标。对学生而言，他们需要考虑的是在整个学习过程中学会了做什么，而不单单是考虑是否已掌握书本上的知识等。

(二) 有利于英语教师专业成长

接受新教学资源观熏陶的大学英语教师，不会再日复一日地重复使用相同的教材、教案和教学课件。他们会紧跟时代发展的要求，更新自己的知识结构，不断加强对教学内容、教学活动设计、课堂组织模式、课堂评价方式等的反思，以改进自己的教学。同时，大学英语教学资源的不断丰富，使得学生的自主学习成为可能，兴趣和爱好驱动着他们对教材进行深度理解的同时，不断拓展自己的知识面，将课堂上所学到的知识应用于实践之中，使得自己的英语语言应用能力得到迅速提高。同时，学生大学英语学习的成功迫使教师加大投入，去深挖教材，研究语言学习规律，强化语言教学策略，以提升自己的综合素质，更好地服务于教学。

(三) 指导提高学生的综合素质

传统的大学英语教材旨在帮助学生加强英语基本功建设，不管是文章的体裁、选材的主题、选材的长度，还是课文的难度都是面向大众化学生，不会关注学校与学校间学生的英语水平差异、同一学校间学生的专业差异、学生个体的学习需求等因素。丰富的、个性化的教学资源的开发和利用不但是对原有教材内容的补充，也构成了第二课堂，与第一课堂开展联动，形成了较好的学习氛围，拓宽了学生视野，激发了学生的学习兴趣，最终促进学生思想、品德、行为、知识、能力和人格等的全面发展。

三、大数据时代英语信息化教学资源建设原则

在大数据时代，高校英语课程资源建设是辅助英语教学的重要举措，是学生开展个性化学习的前提。在建设过程中应坚持以下原则：

（一）"学生为中心"原则

所有大学英语课程资源的建设都是围绕学生的英语学习动机和兴趣而开展，为学生创造良好的学习氛围，为学生努力学好英语铺路搭桥。因此，不管是资源建设的决策和规划阶段，还是实施、检查和改进阶段，都要以学生的实际需求为出发点，不但要关注他们的知识类资源，还要关注他们的情绪类资源、问题类资源、错误类资源、差异类资源和兴趣类资源，尽可能让他们成为学习的绝对中心，成为知识意义的主动建构者，确保教材所提供的知识不再是教师传授的内容，而是学生主动建构意义的对象，媒体也不再是帮助教师传授知识的手段与方法，而是用来创设情境、进行协作学习和会话交流，即作为学生主动学习、协作式探索的认知工具。

（二）开放性原则

大学英语课程资源建设是一项长期的、系统的积累工作，随着教学改革的不断深入、社会的不断进步和教师专业化发展，已有的课程资源得到更新，新的课程资源得到添加，确保了课程的正常运转。在资源建设过程中，建设者要以开放的心态对待人类创造的所有文明成果，以开放的目光审视周围的事物，开放性原则包括类型的开放性和空间的开放性。类型的开放性指不管课程资源以什么类型存在，只要有利于教育教学，都可以加以开发利用；空间的开放性指课程资源的地域性差异，不管它们是校内或校外、国内或国外，只要能有益于学生知识积累、能力发展、技能提高，都可以加以开发和利用。知识经济是世界一体化的经济，资源的开放性原则是从地区到全球、从微观到宏观、从局部到整体，在不同层次上都要确立的一种基本原则。

（三）前瞻性原则

大学英语课程资源的开发与利用是与学生需求紧密相连的，受现有的课程和现实社会的实际需求推动。但从发展的角度来看，课程资源建设还要与未来社会的发展联系起来。只有这样，才能够帮助学生更好地把握未来社会的一些发展趋势。因此，建设者要具有前瞻性思维，密切关注社会的发展动态，注意吸收当前重要的、有影响力的、处于科技前沿的一些素材。在此基础上开发出对学生来说真正有用的课程资源，对学生加以引导，让他

们逐步接受这些新东西，为学生以后的终身学习与可持续发展奠定坚实的基础。

（四）经济性原则

在大学英语课程资源开发中，要用尽量少的投入开发最大量的课程资源，即实现低投入、高产出。经济性原则涉及经费、时间、空间和学习四个方面。经费的经济性指花较少的钱，甚至不花钱，开发出可以服务于学生的大学英语课程资源，如从互联网上提取本校可以使用的英语资源；时间的经济性原则指立足于现实，开发那些适于当前大学英语教学的课程资源，不能等待更好的时机，否则就错过了最佳学习期；空间的经济性原则是指能就地开发的，就不要舍近求远，同时也指课程网站的容量；学习的经济性主要指以兴趣为导向，开发那些能激发学生学习积极性的课程资源。

（五）适应性原则

内容丰富、形式多样的网络资源为开发大学英语课程建设提供了便利的同时，也给开发和利用带来了一定的难度，迫使人们思考开发什么、以什么形式开发、开发到什么程度等问题。建设大学英语课程资源的目的是为了更好地服务于大学英语教学，无论在内容还是功能上都要充分考虑教育的需求，要遵循适应性原则，使教师、学生和其他教育工作者能方便及时地获取所需信息，实现资源的利用价值。因此，在筛选资源时，建设者必须了解用户需求，进行需求分析，即结合实际情况，从更加专业的角度对用户提供的需求信息进行科学的分析和表述，确定用户的需求热点和需求方向，做到量身定做或按需供货。适应性原则在大学英语教学中体现为要依据学生语言水平确定语言内容，依据学生年龄特征确定资源形式，依据学生认知基础选择资源范围，依据教学与学习需要确定开发主题。除此之外，大学英语课程资源建设不但要考虑学生的共性情况，更要考虑特定学生的具体特殊情况。

（六）优先性原则

社会的快速发展、科技的突飞猛进，国际合作和交流日益频繁，使得学生需要学习的内容日益增多。同时，知识更新速度加快，更新的周期缩短，使学生的学习远非学校教育所能包揽。很多知识，尤其是书本以外的知识，学生只有依靠社会，把自己融入社会之中，在与他人的交流过程中，抓住一切机会充实自己。因此，大学英语课程资源开发和利用时，必须在可能的课程资源范围内和充分考虑成本的前提下突出重点，优先开发那些学生迫切需要的、能直接服务于学生的课程资源。

（七）规范性原则

随着大学英语教学改革的不断深入，日渐突出了学生在课程学习和资源利用方面的主体地位。学生是知识的建构者，用什么资源，以及怎么用的问题主要由他们自己决定，教师只起着"搭支架"的作用。传统模式下，教师、学生和课程资源，教师起着主导作用。而现在不管是师生间的互动、学生间的互动，还是学生和资源间的互动，教师不再是权威，只是引导者和参与者，学生都起着主导性作用。涉及与资源互动时，由于学生自身水平有限，社会阅历不多，对资源中的某些瑕疵，甚至是错误可能鉴别不出来，可能出现摄入错误的内容，妨碍英语学习。因此，建设课程教学资源时，建设的内容一定要经教师严格审核和把关，确保资源的规范性、客观性和科学性，确保资源没有观点和语言层面上的错误，不会误导学生或让学生产生歧义。

四、信息化背景下英语教学资源优化应用策略

信息化时代带来了多样化资源，学生可以有选择地来判断学习方法，寻找一种适合自己并且高效的学习模式，与教师有关学习内容方面的交流也可以通过网络来进行，节省问题解决所用的时间，同时也增进了师生之间的联系。

（一）培养学生主动学习，适应信息化载体

要引导学生明确学习英语学科的重要性，并在日常教学中培养学生的自主学习能力，充分发挥信息化教学模式的先进性，以完成常规教学任务为前提，在此基础上所进行的工作模式创新中，可以充分借鉴传统教学方法中所总结的经验，与多媒体教学技术相互结合，为学生主动学习营造良好的氛围。要将学生作为课堂的主体，发挥教学资源的优势，并规划好课堂结构，这样在英语课堂中所应用的教学资源才能充分发挥效果。

（二）加强课堂交流互动，使学生参与其中

在课堂中可以设置一些互动环节，这样学生在学习阶段可以了解到更多的拓展知识，并真正参与到课堂中，成为课堂教学计划开展的主体。在设计课堂互动环节时，要考虑课堂的整体性，在大学生头脑中形成深刻的印象，拓展知识所设计的比例也要保持科学性，使学生能够快速适应信息化课堂。教师不应该单纯地追求学生成绩提升，从而忽略了学习阶段学生的个人感受。信息化背景所设计的英语课堂教学模式设计，要将提升学生英语综合应用能力作为前提，优化教学资源的使用效率，并在课堂中尊重学生所提出的意见，这样学生的个人能力才会有稳定的提升。教育资源优化利用需要教育人员的共同参与，以学

生为主体进行教学方法的探讨，最终所形成的教学方法应用起来才更加高效，能够在英语课堂中发挥作用。

大学英语信息化教学是教育现代化的必然选择，要使信息化大学英语教学资源动态、持续、稳定地发展，必须从教学资源建设、资源共享和保障、数字化校园建设、教学模式转变、师资培训、经费投入等方面共同着手，创建生态化的大学英语教学环境，推进信息技术与大学英语课程的深度融合，创新大学英语教育模式，提高大学英语的教学质量。

五、大数据时代高校英语数字教学资源库建设

随着多媒体技术和网络技术的发展和应用，为学校广大师生提供了使用信息技术的机会，有力地推动了信息技术进入课堂、信息技术融入学科教学。但是，由于教学资源的匮乏，影响着信息技术在教学中的应用。高质量的、丰富的、适应教学改革需要的教育资源是当前教育信息化的核心，也是在学科教学中有效应用信息技术的基础。

（一）建设数字化资源库的必要性与紧迫性

数字化教学资源是指已经数字化且在计算机或网络上能运行的多媒体材料。教学信息资源库是在学科教学中有效应用现代信息技术的基础和保证，是发挥硬件功能，促进教学模式改革的基础，是数字化自主学习的关键。

第一，教学数字化资源库是在大学英语教学中有效应用现代信息技术的基础。语言实验室是外语教学不可或缺的重要组成部分，是训练外语听说能力的重要教学场所，是外语教学改革和提高外语教学质量的制高点和突破口。为推进基于计算机和网络技术的信息技术在教学中的应用，实现教育手段现代化，提高高等学校的教学质量，各高校纷纷建立起多媒体教室、多媒体语言实验室、电子阅览室、校园网等现代化教学环境。近两年，各高校也加大了教学设备的投入。

在大学英语教学方面，更新了语言实验室教学系统，扩大了语言实验室规模，将计算机技术与网络技术引入语言教学实验室的建设之中，为在大学英语教学中真正引入信息技术、实现信息技术与大学英语教学的结合、构建新的教学模式打下了坚实的物质基础。利用信息技术教授英语，在发音、个性化、可操练性等方面都要优于传统方法。但是，使信息技术在教学中发挥作用的是数字化资源。然而，目前学校提供的听力教材仍然是盒式录音带，如果在多媒体语言实验室仍旧使用磁带进行听力教学，根本不能发挥出多媒体语言实验室的功能，不能体现多媒体语言实验室的优越性，将造成"高档设备低档使用"的教育资源的极大浪费。

另外，大学英语视听课的教学目的之一，就是让学生能听懂并模仿地道的英语。然

而，由于没有剪辑与编辑好的突出以视、听、说为教学目的的影视材料，影视教学只是简单的教师放映、学生观看这样单向的学习过程，而不是教师、学生、设备相互作用构成的交互的教学过程，达不到培养与提高学生听说能力的目标。硬件建设与软件建设不同步，严重制约了现代教学设备功能的发挥，达不到预期的教学效果。因此，要发挥信息技术在大学英语教学中的作用，促进信息技术与大学英语课堂教学的整合，以优化教学过程，提高学生的听、说能力，就必须加快大学英语教学资源库的建设。

第二，大学英语教学模式改革。自主学习教学模式是以学生为中心，学生自主利用计算机进行个别化学习的一种形式，可以不受教师约束，不受时间、空间的限制，最大限度地根据自己的学习目标自行选择学习内容，运用学习策略自我控制学习进度，以取得最好的学习效果。在这种模式中，教师成为教学的指导者、助学者和督促者，学生是学习的主体。教师通过设计、演示、协作和评价，履行主导教学的职责，使课堂教学更具多样化和趣味化的特色；同时教师可以根据学生不同的特点，采用灵活多样的教学方法，选择不同的教学内容，对学生进行集体或个别辅导。信息技术在教学中的应用，为从"以教师为中心"向"以学生为中心"、"统一式"向"个性化"转变的大学英语教学改革提供了技术保证，为自主学习教学模式提供了硬件基础。自主学习是基于资源的学习，为学生提供大量的学习资源成为基本要求之一。学习资源的丰富增加了学生选择的自由，从而增加了学生的自主性。因此，加快大学英语教学资源库的建设，促进自主学习教学模式的构建，突破传统"以教师为中心"课堂教学模式的限制，充分发挥学生的学习主动性与积极性，提高学生的学习兴趣，从而提高教学质量已是当务之急。

（二）建设英语教学数字化资源库的原则

建设大学英语教学数字化资源库，是利用现代教育技术，运用教学设计理论，对教学资源进行的一种优化设计，要尽量收集涵盖社会、生活、科学等不同方面的素材，以满足有不同兴趣与爱好学生的需要。大学英语教学数字化资源库的建设，要支持创造性教学和研究性学习，激发教与学两个主体的积极性和创造性，应遵循以下原则：

第一，积件化原则。积件是基于课堂教学提出的，方便教师和学生根据教学需要自己组合运用多媒体教学信息资源的软件系统。根据大学英语听说教学中需要反复听、练的特点，建立基于知识点片段的听说材料。

第二，适用性原则。一方面，能够为学生提供丰富的语言和文化背景知识，体现英语教学的实用性；另一方面，适合高、中、低不同层次学习对象的需要。

第三，趣味性原则。内容生动活泼，能够激发学生的学习兴趣，为学生提供多姿多彩的生活背景和富有情趣的交际情景。在现代信息技术上使用的数字化听说材料，更应体现这一原则。

第四，可操作性原则。在技术上应可实现和易于操作，既适合、方便教师授课使用，也适合学生进行自主学习

第五，共享性原则。实现资源共享，让有限的资源发挥出最大的效益。

（三）建设英语教学数字化资源库的方法

第一，数字化大学英语听力教材。听力教材是大学英语教学的主要教学资源，只是它以磁带呈现的存在形式不适于数字化信息技术的要求。因此，数字化大学英语听力教材是建设教学资源库的首要任务。数字化大学英语听力教材，就是把听力材料从磁带转录到计算机中，以音频文件的形式存储在硬盘或光盘上，是从模拟信号到数字信号的一种转换。在数字化听力材料时，既要考虑到教材的完整、硬件设备的适应性，也要充分考虑到教师授课与学生进行自主学习的易用性。因此，在进行听力教材数字化时，为了便于课堂教学和学生的个别化学习，根据大学英语听力教学的特点，遵循积件设计思想，细分听力材料，如一个 Passage 或一个 Dialogue 就保存为一个音频文件。由于听力材料繁多，采用磁盘目录的树形结构来管理这些听力材料，各种用途、各层次班级的教材分别存放在不同的文件夹中。由于材料由电教人员制作，教师使用，故文件夹名及文件名均采用见名知义的命名方法。

第二，从各类音像节目和影视资料中选取并重新编辑。除了与教材配套的听力教材外，还要不断丰富教学资源库。英语听说学习的资源非常丰富，如英语歌曲、原声英语电影、英语电视节目等都是很好的学习资料。欣赏英文歌曲有利于激发学生学习英语的动机，提高学生学习英语的兴趣，也可以利用英文歌曲来进行如听写歌词、歌词填空、会话练习等形式的教学。利用影视片段进行教学是英语教学的一种重要且有效的教学形式，在视听中学生进入一个真实的外语交际环境，通过积极聆听去理解说话人的感受，感知和接收不同文化风俗，与角色共鸣。因此，可利用视频编辑工具软件把影片当中一些经典的、简练的、精彩的、适合教学使用的对白片段切下来。教师可利用这些影视片段来进行如给影片配音、让学生模仿角色会话、听写对白等的教学活动；学生则可以自主选听，或边听边跟读，模仿正确的语音、语调，学习正确的语用表达，通过反复练习，纠正自己的错误，学会地道的英语表达。

第三，购买适合课堂教学或自主学习的英语学习软件。目前英语学习软件越来越多，我们可以根据教学需要有选择地购买。如《走遍美国》《可可英语》等都是很好的多媒体教学软件，内容丰富多彩，不仅介绍了欧美文化及生活习惯，让学习者犹如身临其境；还可以进行人机对话，配有大量的练习及答案，较适合用来进行自主学习。

第四，自己设计、开发制作。多媒体语言实验室强大的教学功能，必须通过多媒体课件这种新的教学手段来体现。购买的学习软件，不一定能符合课堂教学的要求、满足教学需要，还必须由电教人员与教师通力合作，自己设计开发与制作针对性强、能满足教学需要的多媒体课件。例如，提高学生"说英语"的能力是大学英语教学的难中之难，为激发学生"说"的兴趣，可以把一些口语化的材料制作成一个多媒体课件，利用课件学生可以通过模仿发音、电脑录音对比等，来培养与提高自己说英语的能力。

第五，制作英语学习网站导航网页、从互联网下载可用于教学过程的听说材料。互联网是英语教学资源的大宝库，等待我们去开发和充分利用。互联网上有很多针对学生的英语学习网站，有的可以进行在线听力练习，有的可以进行在线小测验，有的网站还有生动的多媒体课件。为了让教师与学生能够在浩如烟海的网络中快速地找到适合自己需要的材料，很有必要制作一个英语学习网站的导航网页，详细介绍各网站的特点、内容设置等。由于学习网站内容更新快，还必须把一些实用的听说材料下载以备后用。

（四）教学数字化资源库管理、维护及应用

1. 教学数字化资源库管理与维护

为了保证数字化教学资源的安全性与可靠性、保证教学的正常进行，将资源库存放在服务器中集中管理，只有电教人员才有登录服务器的密码、有对教学资源库进行增删操作的管理与维护权限。在服务器上存放教学材料时，不同类型的教学材料存放在不同的文件夹中，以便于资源库的管理、扩展和使用。可以采用共享目录的方法，使各语言实验室共享服务器上资源库的教学材料，也可以制作网页，把服务器挂靠在校园网上，让广大师生在网上访问、共享资源库。此外，还需要备份资源库，把教学材料刻录到光碟上，以防系统崩溃数据丢失，并制作数字化教学材料的详细目录，以便了解各种数字化教学材料的用途，并确保教师与学生都知道如何查找和利用这些材料。

2. 教学数字化资源库的具体应用

有了教学数字化资源库，教师可以直接调用资源库的教学资料进行课堂教学。目前，我们是采用共享目录的方法来让各语言实验室共享服务器中的教学资源。根据大学英语教学的特点，教学平台在"我的电脑"或"Windows 资源管理器"进行即可。由于听说材料都是存储成数字音频文件或视频文件，自己制作的多媒体课件已打包成可执行的应用程序，通过文件的"打开方式"将音频文件与安装在教师机上的 Windows Media Player、Winamp、超级音频解霸或 RealPlayer 等多媒体播放器连接，将视频文件与 Windows Media Player、超级解霸或 RealPlayer 等多媒体播放器连接；使用时，双击要使用的文件即可。

需暂停、重复听、练都很方便，不管教师和学生的计算机操作水平是高还是低，都能应用自如。另外，教师也可以利用多媒体网络技术的互动性、开放性，创造性地组织资源库的教学材料，搭建能体现自己个人教学风格和教学方法的课件。

有了教学数字化资源库，使"以学生为中心"的数字化自主学习教学模式得以实现。教师可以根据学生不同的特点，采用灵活多变的教学方法，选择不同的教学内容，对学生进行集体或个别辅导，真正实现因材施教的原则，弥补课堂教学信息交流不足的缺陷。有了教学数字化资源库，在课外，学生可以在多媒体网络教室进行自主学习，根据自己的特点，选择适合自己的学习内容，按自己的进度进行学习，弥补大学英语课时少的不足；可以利用教学资源进行自我测试，及时发现学习的薄弱环节，自我调整学习内容和方法；可以通过人机会话，解决"开口说"的难题。

通过教学应用的实践证明，建设大学英语教学数字化资源库，在课堂教学中，教师可以充分发挥语言实验室的功能，利用教学资源，改革传统课堂教学的教学模式，实现教学的非同步性、自主性、交互性和趣味性，提高课堂教学的效果。同时，也为学生提供了丰富的语言学习材料，激发了学生的求知欲望，增强了学生的学习兴趣，不但缓解了缺乏外语氛围和输入不足这些长期困扰中国学生学习外语的问题，而且打破了课堂的局限，使教学活动延伸到了学生的课外生活中去。

第二节　大数据时代高校英语信息化教学模式的构建

所谓信息化教学，是指以现代信息技术为基础的一种新型的教学形态。信息化教学模式是教学模式在信息化时代条件下的新发展，是基于信息技术的教学模式或数字化/信息化学习模式，它是信息技术支持的教学活动结构和教学方式，也是包含技术丰富的教学环境、相关教学策略和方法的教学模型。信息化教学模式会给外语学习带来许多重大的变化或变革。首先，信息时代的学习要求从传统的维持性学习向创新性学习转变。创新性学习本身又有三大重要特点：一是怎样迅速、充分、有效地选择获取和存储所需的信息，二是怎样利用它来解决问题，三是怎样打破常规重新组合。其次，创新性学习要处理好"学会"与"会学"的关系。在外语学习上，"学会"是指构建必要的外语知识基础，掌握某些专门化的知识和技能；学习的内容不仅包括知识和技能，还包括态度、动机、方法和行为习惯等。"会学"是指学会学习，在学习过程中培养各种学习能力，如表达、记忆、观察、思维和信息能力等，其中的核心是思维能力和创新能力。

一、大数据时代高校英语信息化教学模式的构建思路

在科学技术高度发展的今天,由于信息技术尤其是计算机三大关键技术(人工智能技术、数字化技术、信息和网络技术)的发展,可以说在英语教学上计算机有了主导教学的可能和条件。换言之,网络媒体支持由"情境""协作""会话""意义建构"所形成的学习环境,使得学习者知识的获得并非完全通过教师传授,而是学习者在一定的情境即社会文化背景下,从不同层面、角度出发,借助原有的经验、认知结构主动接受和选择加工外来信息,并借助其他人(包括教师、学习同伴、网络交流者等)的帮助,利用所能获得的学习资源(包括文字材料、影音资料、视听媒体、多媒体课件、计算机教学软件、网络上人与人的交流)以及从互联网上文献检索获取的信息,通过与老师、学习同伴等的交流、协作,最终以意义建构的方式来获得。

由此,建构主义理论的核心是以学生为中心,强调学生对知识的主动探索、主动发现和对所学知识意义的主动建构。情境、协作、会话和意义建构是建构主义学习环境的四大要素。"情境"是学习者进行学习活动的社会文化背景,学习者在真实的情境下,借助社会性的交互作用和利用获得的学习资源,可积极、有效地建构知识。"协作"是学习者在学习过程中,利用已有经验的基础,在特定的情境下,以特殊的方式建构,并强调学习者与教师、学习同伴、网络交流者等的相互作用。"会话"是协作过程中通过人人、人机交互,使得每个参与者的思维成果(智慧)为整个学习群体所共享,以实现意义建构。建构主义学习理论的基本特征是"学习的自主性、情境性和社会性"。

(一)建构主义指导下的信息化教学模式设计原则

基于对建构主义学习理论内涵的认识,建构主义指导下的信息化教学模式设计思路可概括为:在整个教与学过程中,强调以学习者为中心,利用情境、协作、会话和资源等学习环境要素,通过对学习者的知识、认知特征和背景的分析,设计适应学习者的学习资源、学习策略、认知工具;并通过教师和学习伙伴的帮助,充分发挥学习者的主动性、责任感和创新精神,有效地实现对当前所学知识的意义建构。在这种模式下,学习者是知识意义的主动建构者;教师是教学过程的组织者、指导者,意义建构的帮助者、促进者;教材等教学资源是学习者主动建构意义的对象;视听媒体是用来创设情境进行协作学习和会话交流,即作为学生主动学习、协作探索的认知工具。因此,构建信息化教学模式时可遵循以下设计原则:

1. 学习自主性原则

学习是学习者建构自己知识结构的过程,这就意味着学习者不是被动地接受来自外界

的刺激，也不是把知识机械地从外界搬到记忆中，而是在原有经验的基础上，主动地对外部信息进行选择与加工，通过新旧知识经验间反复、双向的互动作用过程来获取、建构新知识的过程。也就是说，无论是语言知识还是语言技能，都要靠学生自己主动去学、去练，这样才能有长进，教师的作用只能是主导而不能包办代替。因此，学习者要通过学习策略训练，培养自身的自主学习能力，在教师、学习同伴等的帮助下实现知识意义的主动建构。

2. 真实情境创设原则

建构主义认为，学习是一个积极主动的、与情境联系紧密的自主操作活动，在这个过程中，知识、内容、能力等不能被训练或被吸收，而只能被建构。由此，情境学习的建构总是以学习者已有的知识结构为基础，有选择地知觉外在信息，根据具体实例的变异性建构当前事物的意义。即情境学习借助获得的学习资源，把所学的知识与一定的真实任务和情境挂钩，倡导合作学习，解决实际问题。情境教学具有以下特点：首先，学习的任务情境应与现实情境相类似，以解决学习者在现实生活中遇到的问题为目标；其次，教学过程应与现实中问题解决过程相类似；最后，科学科目的教学应创设有丰富资源的学习情境，其中应包含许多不同情境的实例和有关信息，以便学习者根据自己的兴趣、爱好去主动发现、主动探索，从而实现学习者的认知灵活性，形成对知识的多角度理解，把知识学习与具体情境联系起来。通过多次进入重新安排的情境，使学习者形成背景性经验，从而掌握知识的复杂性及相关性，在情境中形成知识意义的多方面建构。

3. 学习的社会性原则

建构主义认为，学习者与周围环境的相互作用对于知识意义的建构起着关键性的作用。知识不是抽象的，而是与学习的情境、学习者带入这一情境的经验及周围环境有密切关系。知识的复杂性使得学习者不可能对知识有全面的理解；同时，由于情境中问题的艰巨性，学习者也不可能完全独立解决。学习者主动从不同背景、角度出发，在教师或他人的协助下，通过独特的信息加工活动（争辩、讨论和提供证据）实现知识意义的重新建构，从而使面对面的或通过多媒体网络进行的"协作学习"成为必然。学习者与周围环境的交互作用，促使学习者对知识的理解将更加丰富和全面（即对知识意义的建构），认知水平也随之得到提升。因此，体现学习社会性的"协作学习"是整个学习群体共同完成对所学知识的社会性建构。

（二）信息技术为建构主义理论提供核心技术支持

信息技术的发展和应用为建构主义学习理论提供了技术层面上的有力支持，促进了教学观念的根本性变革。自主学习理念的应用有效地克服了传统教学中的种种弊端，提高了学习者的认知能力、分析和解决问题的能力，使大学生的素质教育和创新教育落到了实处，为建构主义学习理论的应用奠定了基础。

1. 超媒体与"自主学习"

认知心理学认为，人类思维具有联想特征，经常从一个概念或主题转移到另一个相关概念或主题。超媒体是按人脑联想思维方式非线性组织管理的一种先进技术。它按照人脑联想思维方式，将文、图、声、像等不同媒体信息进行整合，将讲解、演示、测验等不同教学内容进行整合，将预备知识、当前知识与扩展知识整合，构成了一个丰富而生动的超媒体学习环境。这和人类思维的联想特征相吻合，从而实现对教学信息最有效的组织与管理，使得学习者自由联想能力得到发挥，促进创造能力的培养。同时，教学信息的非线性使学习者可以根据自己的实际情况通过联想，自由选择不同的路径，进入不同的链接点，从一个主题跳转到另一个主题，即从一个链接点跳转到另一个链接点，灵活地浏览各节点的内容（包括文本、声音、图形、图像、动画等），为自主学习奠定了基础。多媒体技术的交互功能提供了图、文、声并茂的多重感官综合刺激，使得学习者可以依据自己原有的认知结构、认知水平和兴趣，自由选择、自主控制学习内容及其呈现方式。

2. 虚拟现实技术与"情境学习"

虚拟现实是计算机与用户之间的一种更为理想化的人机界面，人可与计算机生成虚拟现实环境进行交互，与传统计算机相比，虚拟现实系统具有三个重要特征：临境性、交互性、想象性。在现代教育技术环境中，虚拟现实技术应用图形、声音和图像再造构建出逼真的课堂教学情境，将学生置身于其中，以求获得最佳的教学效果。人与计算机生成虚拟现实环境的交互，在虚拟现实技术"构建"的交互性课堂中，教师和学生可以是真实的或虚拟的，学习者可以是一个或多个，教学模式可以多样化，教学方法的可选择性使得教学进度可由多方控制。在教学过程中，学习者和教师同是教学的设计者和控制者，克服了传统班级授课限制学生主动性和独立性的缺点，确保了师生双方的作用得到充分发挥。虚拟现实技术创造和展示各种趋于现实的学习情境，把抽象的学习与现实生活融合在一起，有效地激发了学生的思维，使得学习者以丰富的想象力实现知识意义上的建构。

3. 多媒体通信网络技术与"协作学习"

计算机通信网络与多媒体技术融合而成的多媒体计算机通信网络是计算机网络和多媒体技术发展的必然趋势，它兼收并蓄计算机的交互性、多媒体的复合性、通信的分布性及电视的真实性等优点。在网络学习环境中，学习者既可实现信息资源共享，也可利用网络介质进行信息交流，打破了地域和时间上的限制，学习者自主地选择学习内容、学习方法、学习时间、学习地点、学习条件，改变了被动的、被支配的、受监控的地位。网络资源共享使得学习者获取学习信息的资源极大丰富，帮助了不同层面的学习者获取平等受教育和平等竞争的权利，为面向民众的全面素质教育的实施和语言文化交流的国际化奠定了基础。网络教学中的"协作学习""小组讨论""在线交流"等学习策略使师生之间、学习者之间通过交流信息实现情感互动。换言之，网络中的"协作学习"对高级认知能力的发展、合作精神的培养和良好人际关系的形成等具有明显的支持作用。

二、大数据时代高校英语信息化教学模式的构建环节

信息化教学的某些特征为建构主义学习理论提供了技术层面上的支持，其学习环境与建构主义学习理论所主张的学习环境相一致，体现了学习的自主性、情境性和社会性。因此，用建构主义指导信息化教学不仅必要而且可行。大学英语信息化教学模式可按教学目标、情境创设、自主学习、协作学习、意义建构五个关键环节进行教学设计。

（一）教学目标

教学目标环节主要负责分析教学目标，确定学习内容，提出本课或本单元要达到的教学目标，以确定当前所学知识的"主题"，并以此组织教学。大学英语是一门语言实践课，从语言发展的内在规律来看，听、说、读、写、译五项语言基本技能是紧密相连的。听、读过程是学习者自外而内获取语言知识，即输入过程；而说、写、译则是学习者将所学知识自内而外的再现过程，即输出过程。因此，学习者要根据自己的实际情况构思完成教学目标的方法与手段，通过学习操作实践去实现教学目标。教师提出的教学目标的难度应以大多数学习者能通过为宜，并应具有层次性，以适应不同程度的学习者。教师通常还应指导学习者将一些大的任务分解为几个小目标，以便学习者分步进行学习研究。

（二）情境创设

建构主义认为，学习总是与一定的社会文化背景即"情境"相联系的，在实际情境下进行学习，可以使学习者能利用自己原有认知结构中的有关经验去同化和索引当前学习到的新知识，从而赋予新知识以某种意义。如果原有经验不能同化新知识，则要引起"顺应"过程，即对原有认知结构进行改造与重组。总而言之，通过"同化"与"顺应"来达到对新知识意义的建构。学习个体不同，认知特点也会不同。教师要帮助学习者分析自身的知觉、记忆、思维以及动机、经验、情感等因素，找到学习内容与自身认知结构的结合点，用最符合学习者认知心理的外部刺激去促进他们对新知识的同化和顺应，完成知识意义的建构，并把其智力引向更高的水平。目前我国已拥有卫星网、DDN专网、IP宽带

网和有线电视网等天地合一、多网集成的信息传输运行平台。可通过实时模拟、双向答疑、视/音频文字一体的多媒体、BBS讨论区、教学内容的网上交流等多种途径，实施教学计划指导下的非实时自主学习，以调动学习者的所有感官和过去的经验去探索与解决问题，使其对知识掌握得更加透彻、更加形象，有效地促进其朝着个性化学习、自主式学习方向发展，使学习者在因材施教、个性化发展的过程中完成提高语言水平的实践。因此，创设从不同侧面、不同角度表征知识的多样化情境，可为学习者的探索提供多条路径，使其可随机进入任意学习情境，实现知识的正迁移。

（三）自主学习

当代英语学习理论强调，学习者在学习过程中起决定性作用，其意义在于促进学习者的全面发展和培养学习者的独立思考和自主学习能力及创新能力。在网络学习环境下，学习被看成是学习者自发地与外界相互作用的产物。学习不是死记硬背，而是一个积极地从所发生的事件中寻求（甚至强加）意义的创造性过程。在这个过程中，学习者要根据自身的水平，寻找适合自己能力的学习起点、学习目标以及学习内容和方法，并确定自己的一套评估体系。以扩大学习活动的自由空间，解决个体差异的需求问题，使每个学生的潜能都得到最有效的开发。也就是说，教学对象要从客体过渡为主体，语言本身、教材和教法也属客体，是外部因素；学习者是主体，是内部因素。学习者借助多媒体网络教学系统提供的弹性学习环境，随时随地开展学习，并且能够下载或输出所需材料，从而实现网络资源的提供者和获得者进行实时和非实时的交流，使学习者学习中遇到的问题能得到及时的解答和讨论。例如，学习者可以有针对性地重点学习词汇用法，或学习篇章结构和背景知识，或选择反复训练听力和发音。自主学习的方式突破了课堂时间的限制，不仅适应不同水平、不同学习要求和目的的学习者，也体现了个性化的教学原则。

（四）协作学习

由于知识的复杂性和在情境中解决问题的艰巨性，个人根据自己的经验所建构的对外部世界的理解是不同的，也存在着局限性，通过意义的共享和协调，才能使理解更加准确、丰富和全面。由此，协作发生在学习过程的始终，会话是协作过程中不可缺少的环节。学习者通过在内容丰富的情境中的对话与合作，通过对各自见解的协商而达到对新知识的构建与共享。可以说，会话是达到意义构建的重要手段之一。在信息化学习环境下，学习者面对面地进行实时在线语言交流或通过多媒体网络进行实时的文字交流的"协作学习"，使得每位网络资源提供者和获取者的思维与智慧将被整个网络学习群体所共享，即整个学习群体共同完成对所学知识的意义建构。尽管"理解"属于个人的建构物，无法共享，但可以与他人进行交流。通过交流检验和修正自己的"理解"，使之更符合客观规律。网络资源提供者和获取者之间有着动态的信息交互，学习者既通过访问网络站点进行在线学习，也可通过文献检索在线资源来选择自己所需的学习内容，以达到获得知识的目的。在学习者与教师的协作过程中，学习者获得教师的帮助，教师获得学习者的信息反馈。在情境中学习时，教师既是组织者也是参与者，他们既可以通过电子会议系统、电子黑板等实现同步协作，也可以通过 E-mail 实现异步协作。"协作学习"可在两个以上的学习者之间进行，既可在有组织的情况下进行，也可直接面对面地或通过 BBS 论坛进行。学习者可在比较分析同一问题的不同观点时提升自己的认识结构，加深对知识的理解，并在对不同观点进行梳理的过程中，提高自身知识意义建构的能力。

（五）意义建构

意义建构是学习过程的最终目标，所需要建构的意义是指知识或学习主题等的意义，即事物的性质、规律以及事物之间的内在联系。在这个环节中，学习者要根据自身在学习过程中，通过各种不同形式获得的各类不同信息形成自己的学习体会或研究成果，并且以文字材料、视听媒体、影音资料、多媒体课件和主页等多种形式将成果具体体现出来，以汇报学习成果并进行总结评价（包括学习者个人的自我评价、学习小组对个人学习的评价及教师对学习者的点评），主要目的是使学习者在一个完整、真实的问题情境中，产生学习需求，并通过学习共同体成员之间的协作学习，通过学习者主动探索、亲身体验，完成对知识的意义建构过程。实践证明，意义建构是使学习者适应真实生活，逐步学会独立认识问题、提出问题和解决问题的一条十分有效的途径，有助于学习者在综合实践中提高自身的综合素质。

科学技术的高速发展、信息技术的应用为建构主义学习理论提供了技术层面上的支撑，优化了大学英语教学资源与教学环境、教学过程与教学目标，促进了学生的学习效率和教学效果的提高。这说明信息化教学代表着先进的教学理念和先进的教学手段。

应该说，现代信息技术所构建的英语教学环境具有了情境的信息化、英语学习的全球化和个性化，为大学英语教学模式的改革奠定了坚实的基础。因此，现代教育技术支持的当代建构主义学习理论对于知识建构的意义可诠释为：学习是学习者主动地建构内部心理表征的过程，它不仅包括结构性的知识，而且包括大量的非结构性的经验背景；学习过程既要运用原有的经验建构对新信息的理解，也要建构从记忆系统中提取的旧信息；不同的学习者对事物的理解（建构）不同，协作学习有助于使理解更加丰富和全面；其主要表现在学习过程中，强调以学习者为中心，同时不忽视教师的指导作用；强调"情境"和"协作"等学习环境的设计；强调利用各种资源来支持自主学习，达到学习的最终目的。

三、大数据时代高校英语信息化教学模式的具体构建

信息化教学模式有许多种，但较为常见的有：基于问题的教学模式、网络探究教学模式、基于项目的学习、基于案例的学习、基于资源的学习、探究学习、协作学习、基于电子档案的学习、个性化学习、个别授导、智能导师、情境化学习、虚拟教室等。随着外语教学信息化过程的不断深入和发展，新的信息化教学模式还将不断出现，构成丰富的信息化教学模式的种类。

（一）基于问题的英语教学模式

所谓基于问题的教学是指基于问题的学习模式，是把教学/学习置于复杂的、有意义的问题情境中，通过让学生（通常是小组合作的形式）解决复杂的、实际的或真实的问题，来学习隐含于问题中的语言要点、文化背景、语言技能等，发展学生主动构建知识和解决问题的能力。

在基于问题的学习模式中要注意问题、学生、教师三大基本要素的关系和特点：问题，作为学生初始的挑战和动力，必须是界定明确的，且具有足够的吸引力激发学生去发现解决的方法，同时问题还应协调动机和建立后续学习的需要和联系。学生，作为主动解决问题者，必须积极主动地参与，完全投入学习，积极主动地进行意义构建。教师，作为指导者和学习的促进者，必须清晰地设计问题（任务），积极有效地鼓励、激发学生思考，使他们持续参与、监控并适当及时地调整挑战的难度，使学习能顺利地进行。为便于更好地理解基于问题的教学模式，有必要从以下方面把它与传统教学模式做比较：

第一，教师方面：教师在传统模式中是教学中的主角、专家和权威，教师群体相互独立工作，以向学生传递外语经验和知识为主；但在问题模式中，教师是引导者、帮促者、合作学习者，教师群体相互支持与合作，以指导学生获取解决问题的策略为主。

第二，学生方面：在传统教学模式中，学生被看成是被灌输知识的"容器"，是外语知识的被动接受者，他们往往只注重单独学习，主要是记忆并重复所获取的前人的经验知识为主的信息；然而在问题模式中，学生主动参与整个学习过程（完成任务的过程），强调的是协作学习，既要进行知识意义的建构，还要形成各种独立的外语应用能力。

第三，教学策略：传统的教学采用的是以单一的形式把知识传递给学生，而问题模式所采用的教学策略为学生自觉地参与学习，学生间或师生间讲究的是合作协调，以完成任务和解决问题为主要目的。学生在多种情境中获取并应用知识，学生自己查找信息，教师只起着引导的作用。

第四，计算机媒体：在传统教学模式中计算机媒体主要作为教学的辅助工具，用于教

师在讲授过程中向学生进行知识演示；但在基于问题的教学模式中，计算机媒体是整个教学的一个有机组成部分，是用于学生获取、处理信息和解决问题、完成任务的认知工具。

第五，评价方式：传统教学模式中的评价方式比较单一，即评价以学生的（考试）成绩为主，学生按成绩分成不同等级，教师往往是整个教学中的唯一评价者；相比之下，问题模式中的评价方式就要灵活得多，对学生的评价不仅仅局限于（考试）成绩，也不按成绩来评定学生等级，对学生评价一般将自我评价、同伴评价以及教师评价三者结合起来。

第六，教学环境：在传统教学模式中，教学环境主要由教室、课本、黑板、粉笔、设备等构成，是一种"教师中心"的学习环境；然而问题模式强调的是教师、学生、内容、技术等构成的生态化学习环境，是一种"学生中心"相互合作支持的学习环境。

基于问题的教学模式在具体实施时，应包括：情境创设和问题提出、问题界定和问题分析、探究和解决问题、分工合作和完成任务、评价和反馈。

第一阶段：情境创设和问题提出。教师要根据实时的教学内容和要求，利用各种信息技术提出引导性问题，逐步形成具体的学习任务。提出的问题应符合以下要求：①要有相应的问题情境描述，能够引起学生的兴趣；②问题导向要明确，学习重点要清楚，实施过程要清晰；③难度要相宜，以综合原有的知识为前提，探究新知识为主要目标。学生在问题提出的基础上，针对学习重点，可以进一步细化任务。

第二阶段：问题界定和问题分析。问题明确后，学生要根据自己的理解用自己的语言来界定和描述所要研究的问题。然后，对所提问题和任务情境进行仔细思考和分析，在分析的基础上确定问题的要点所在，即找到问题的本质。形成小组，任务分工，提出可能的行动建议或方案。

第三阶段：探究和解决问题。确定学习任务的分配后，要通过各种途径收集与主题相关的信息，同时对所收集的信息进行归类、整理和分析。学生间要做相互交流并形成解决问题和完成任务的方案。

第四阶段：分工合作和完成任务。各小组成员按分工要求，完成各自的任务并以适当的形式（如利用计算机多媒体的形式）展示如何解决问题的过程和结果（如语言技能的运用、文化背景的描述、语言要点的学习和练习等）。

第五阶段：评价和反馈。小组成员共享他们完成任务所取得的成果，同时进行自我评价和小组间评价。评价主要围绕任务完成过程中各成员的表现。教师要在这些评价的基础上做总体评价和反馈，提出以后努力的方向。

（二）英语的网络探究教学模式

网络探究教学模式，英文为 WebQuest Model。WebQuest 是由 Web 和 Quest 两个词组成的复合名词，Web 英文原意是"网络"，Quest 有"寻找""探索"的意思，因此 WebQuest 是一种"网络探究"的活动，引申于外语教学就是"网络探究教学"。网络探究，作为探究学习活动的一种具体形式，主要是依托互联网强大的信息资源来训练学习者的探究能力。在网络探究中，学习者可以最大限度地利用网络资源，主动发现外语领域中的未知问题，探究解决问题的方法，建构知识，学会外语。

网络探究学习的目的是要让学习者充分利用时间，使用信息（不仅仅是收集信息）并帮助学习者分析、综合和评价各种信息资源。因此，网络探究学习方式按学习探究的时间可分为两种：短期网络探究模式和长期网络探究模式。短期模式强调知识的获取和整合，学习者获得并理解了一定量的有用信息，据此主动建构知识。短期模式（约 1~3 个课时），大多可以用于日常教学。长期模式强调知识的拓展和提炼，学习者通常要就一个完整的课题或任务进行有计划的信息搜寻并进行深入的信息分析和较为全面的知识重组。长期模式可以为一周也可以为一个月，大多可用于小组合作课题研究。

关于网络探究教学模式的设计，一般要遵循这样五个原则，也可以称为 FOCUS 原则：F——寻找合适的网站（Find great sites），O——协调组织学习者和学习资源（Orchestrate your learners and resources），C——激发学习者思考（Challenge your learners to think），U——选用媒体（Use the medium），S——帮助学习者达到高水平学习期望（Scaffold high expectations）。

1. 寻找合适的英语网站

在网络探究教学模式中，学生寻找（选择）合适的网站进行学习至关重要，因为合适的网站能够向学习者提供恰当的学习材料，使课堂学习得到充分的延伸。要寻找合适的网站，学生必须注意这样三个方面：①熟练运用搜索引擎，如 Google、Baidu 等。在搜寻相关的学习信息时，要掌握查找技巧和搜索引擎的高级规则，以便快速高效地搜寻到所需要的信息。②深度挖掘网页信息。英文网站或适合学英文的网站也是不计其数，此外还有许多通过网络能查到的档案馆、数据库、博物馆等也能成为学习者的选择对象。③善于收藏已发现的优秀网站。在众多的网站中，一旦发现那些能有效帮助学习者进行外语学习的网站或资源库，应该及时地把它保存起来，而且要不断地进行跟踪。

2. 协调学习者与学习资源

协调和组织学习者以及合理安排学习资源是网络探究学习的重要组成部分，在设计网络探究学习时应对这两个方面加以重视。首先是如何组织好学习者。成功的网络探究学习应该与和谐的小组学习环境有关，而和谐的小组学习环境更需要把学习者很好地协调和组织起来。协调和组织学习者应包括以下方面：积极互动、角色协调、分工负责、协作互助。在网络探究学习中，学习者会根据学习任务进行一定的信息探寻，同时要做及时的互动交流，相互促进。在交流互动的过程中，学习者要明确各自的角色，要明白没有伙伴的支持任务不易完成。小组成员的分工要明确，这样才能对任务中的某些部分负责。在此基础上，小组成员要懂得如何相互合作，只有在协作互助中学习任务才能圆满地完成。其次是学习资源的有效组织和合理安排。应该说，网络上的外语学习资源是非常丰富的，因此如何优化组织这些学习资源是网络探究学习必须要关注的。优化组织学习资源通常可能有这样两种情况：硬件的缺乏和软件的应用。如果教学时没有足够的电脑设备，教师应采取可能的措施来弥补，如教师只用一台电脑引导全班学生讨论，协调学习节奏；也可以在硬件条件有限的情况下，按一定比例（如1∶5、1∶10等）设置学习中心，让学生轮流使用；如上网条件有限，要注意错开学生离线和线上活动时间，最大限度地发挥网络的功能和优势；再如学生无法上网，教师可以把相关网站的内容先下载，再供学生离线学习。在软件的应用上，要尽可能地了解各种与外语学习相关的网站以及其他的网络学习软件，这样才能灵活使用各种软件，优化组织丰富的学习资源。

3. 促使学习者善于思考

一般在网络探究学习中，可以采取以下方法引导和激发学习者思考：①使任务具有挑战性。任务的设计和选择必须要考虑其完成过程的难度，这种任务的难度不仅要体现在学生对任务的理解上，而且更重要的是体现在学生解决问题的能力上以及创新设计、逻辑判断的能力上。②使任务真实化。任务设计应接近现实生活，尤其是任务的主题要来自社会的实践活动，同时要注意任务中活动的可操作性，使学生学会能用于现实生活的语言技能。③使任务全面化。任务的设计要有全面的考虑，即使任务具有一定的难度，又使学生能通过任务学会从多种角度全面地看问题，以提高他们解决问题的能力。

4. 合理选用教学媒体

网络探究学习不一定完全限于使用网络资源，也可以充分利用书籍、刊物等其他媒体，以达到探究学习的目标。因此，在选用媒体上应充分注意以下方面：首先，要注意互联网不仅仅是一种计算机的网络，更重要的是人的网络和专家资源的网络。学习者除了选择适宜、有趣的网页供学习之用外，还可以寻找到大量共享的专家智慧资源。其次，要注意在学习过程中与他人交流。学习者可以通过 BBS、E-mail 等平台与专家或其他学习者进行信息交流。通过网络上交流互动，学习者可以相互间取长补短、启发思路、共同提高。第三，要注意学习内容的合理选择。应该说，网络是一个多媒体的环境，可提供无限量的学习资源，选用合理，则能提高学习效率，否则滥用网络音视频等多媒体内容，会分散学习者的注意力，不能达到应有的学习效果。

5. 帮助学习者达到学习期望

网络探究学习可以让学生在平时不敢想象的情境中进行学习，达到传统教学很难达到的学习效果，因为在网络探究时教师可以帮助学生搭建"脚手架"，如让学生尝试把全球的软饮料（soft drinks）放在一起分析和归类，教师就应事先提供各国或地区关于饮料方面的网站、各种评述、生产销售网站等支撑信息。一般情况下，网络探究学习可提供三类"脚手架"：接受支架、转换支架、输出支架。①接受支架的作用主要是指导学习者如何根据已定的网络学习资源和已有的知识展开学习活动。网络探究学习时，学习者往往会面对海量的网络资源信息，如果缺乏指导，学习者可能会无所适从。因此，具体的接受支架往往会在观察指导、会晤技巧、在线词典的实例中体现出来。②转换支架主要是指一些网络探究学习中的方法和技巧，如比较、对照、归纳、总结、讨论、推理、决策等。在学习过程中，学习者将接收到的信息进行加工和重组以转变为新的形式，这就需要转换支架的帮助。③输出支架主要是指学习者通过学习将自己的认识和创建的成果呈现出来。学习成果的呈现可以借助一定的输出支架，如模板、写作向导、多媒体、各种组件等。

总而言之，"脚手架"的作用是要帮助学习者超越其以前已具备的语言能力，以更有效地内化学习内容，自主地完成学习任务。

（三）英语的小组协作教学模式

小组协作教学模式，亦称计算机支持的协作学习模式，有别于传统的计算机辅助的个别化教学。个别化注重学习中的人机互动活动，而协作学习强调利用计算机支持学习同伴之间的交互活动。小组协作学习是以一种小组或团队的形式，组织学生协作完成某种既定学习任务的教学形式。

1. 小组协作学习的要素

协作学习的基本要素包括五个部分：积极地相互依赖、面对面互促交流、个人与小组职责、人际与小组交流技能和小组组织工作。

（1）小组协作学习需要的就是成员间要积极的相互依赖，因为这是协作的基础，没有依赖就谈不上协作。积极的相互依赖要求每个成员都要明确各自的责任，即进行指定材料的学习并完成共同的学习任务。根据外语教学的特点，积极的相互依赖主要包含三个方面，分别是：①有明确的小组学习任务，而且每个成员必须明白各自的实际任务分工；②分工不等于"分家"，每个成员必须明白各自所担的任务对完成小组整体任务的重要性，只有每个分工任务都做好了，小组任务目标才能完成；③小组任务完成，获得了成功，必须要有褒奖。这样就能增强未来完成任务的信心，进一步促进积极的相互依赖。此外，积极的相互依赖还必须要有积极的角色分工，如在完成某一学习任务时，有设计者、记录者、理解检查者、鼓励者、解释者、角色参与者等。这样，成员间就有了角色的相互依赖性，即特定的角色义务。角色预示了小组成员对自己贡献的期望，同时每个成员又期望其他成员的角色配合，这就是相互依赖。可见，积极的相互依赖主要体现在共同的小组成果和目标实现的相互努力上。

（2）小组协作学习需要成员间面对面的互促交流，即通过面对面的共同工作，沟通思想，促进交流。互促交流主要有以下情况需要考虑：①要考虑并确定小组活动的时间。小组成员间应有足够的时间进行交流，每位成员要毫无保留地谈出自己的想法；②要考虑个体思想的独特性。个体成员都会根据自己的理解或价值观对学习任务形成特有的想法，所以成员间一定要互信、互补、互励以促进交流；③要考虑对小组学习任务评估的及时性。对学习任务的进展情况要做及时的评估，注意成员间的心理调节和工作协调，因为及时评估、适当协调、个体关心、相互鼓励都是促进成员间相互交流的有效手段。高效的小组协作学习还可通过相互有效帮助、资源相互交换、信息高效加工得以实现。

（3）小组协作学习需要构建小组和个体的职责。小组的职责主要体现在业绩评价、结果反馈、同类比较三个方面，而个体职责则表现在完成个体任务、评价个体业绩、反馈评价结果、提供鼓励和帮助四个方面。在小组协作学习时，应当尽量避免出现这样的状况，即小组成员的职责难以确定、个别成员的工作成为多余、个体不对小组成果负责、成员处于消磨时间的状态等。个体职责的构建步骤是：①确定小组人数。通常是人数越少，个体职责就越大。②给每个学生做选择的机会。学生的选择往往会与个体特点较为吻合，所以也就较能胜任相应的职责。③鼓励展示自己。随机挑选学生向全班展示他们小组的工作，这样能激发起责任意识。④观察小组的协作过程。注意观察学生的特点和擅长，尤其是信息技术的应用方面各成员的特长所在。⑤明确小组任务与角色作用。任务分工到位也就相应地明确了成员的小组角色作用。至此，每位成员的个体职责也就构建完毕，小组协作学习开始。

（4）小组协作学习需要有人际与小组的交流技能。人际与小组交流技能实际是一种社交技能或与他人进行交流的能力。为了进行高质量的协作，学生必须学会社交技能并应用于他们的小组协作中，以促进相互间的有效工作。一般来说，外语教学上的小组协作学习往往都是一些任务型的学习方式，而这种任务又会涉及许多互动的内容。要使任务型学习以互动方式运转起来，人际与小组技能至关重要。所以在小组协作学习过程中，既要求学生围绕课程内容展开协作，又要求他们必须学会社交技能。应该说，成员的社交技能（信任、理解、支持、协调、建议等）越强，则完成协作学习任务的质量就会越高。

（5）小组协作学习需要高效的小组组织工作。一般认为，小组运行的效果决定了小组工作的有效程度。小组运行就是小组协作活动的组织工作，教师应该在此工作中起着举足轻重的作用。教师的具体工作应该是：①观察与评价。通常说，观察为教师了解学生的总体情况提供了一个窗口，在小组协作学习中更是如此。观察要有内容，包括观察的目标、对象、活动、反映及其他信息。在观察的基础上，教师要进行一定的快速分析和决策，并给予切合实际的评价。评价要有记录，尤其要注意对不同小组的学习结果进行比较，以便及时提出反馈。②倾听与反馈。学生完成了小组协作学习，教师必须预留时间让小组成员对小组协作的有效活动进行描述或展示。教师要细心倾听，记录有关要点。随后，教师要将结果反馈给每一个小组，对小组学习有利的个体努力应该给予确认和表扬，对于小组学习中出现的问题要有分析、解释和建议，促使小组成员进行反思以提高今后小组协作学习的质量。③鼓励与指导。教师应该明白，成功、赏识和尊重感有利于建立小组成员对学习的责任心，增强个体在协作小组中工作的积极性，增强对主题的自我感知及与其他成员协同工作的认识。教师要对协作成功的效果进行研究，特别是发现有创新性的成功实例要及时地给予鼓励，帮助学生建立做下去的信心。但是，仅有鼓励还是不够的，教师还应在各方面提供帮助和指导，尤其是在个体职责、社交技能、专业知识、活动设计等方面的指导更为重要。

2. 小组协作学习的形式

在计算机网络的支持下，学生可以突破地域和时间上的限制，进行小组讨论、同伴互教、小组练习、小组课题等协作性学习活动。基本的协作学习模式有许多种，常用的具体如下：

（1）竞争。竞争是指两个或多个学习者在网络上针对同一学习内容或情境进行学习，看谁能够率先达到教学的目标要求，犹如竞赛。由于学习者的这种竞争关系，学习者都会在学习中全神贯注，努力争胜，往往会取得较为显著的学习效果。这种学习形式一般采取这样的步骤：首先，网络学习系统（学习平台）提出学习目标或问题，并提供相关的信息。然后，学习者可以选择学习的竞争对手，确定好竞争协议，开始解决学习问题。过程中，竞争双方都可以看到对方的状态，并可以随时调整学习策略，直至学习任务的完成。这种学习形式的优点是学习者有较强的学习动力，效率较高，但较为明显的不足之处是竞争双方原来的外语水平差异以及学习问题的难易程度较难控制。

（2）协同。协同是指多个学习者共同担负起某个学习任务。在学习过程中，每个学习者可以选择他认为最合适、最有效的方法与其他人合作，发挥各自的特点，相互帮助，相互提示，相互依赖，分工合作。学习者在相互合作中逐步形成对学习内容的正确理解和领悟，以集体的智慧完成学习任务。这种学习的优点是能充分发挥每个学习者的长处和团队精神，但缺点是相互的协调有时较难处理。

（3）角色扮演。角色扮演是指学习者以扮演不同的角色来完成学习任务。通常情况下，角色扮演有两种：师生角色扮演和情景角色扮演。所谓师生角色扮演，就是让学习者分别扮演学习者和指导者的角色。学习者回答问题，进行学习，而指导者则检查、解答、评价学习。在学习过程中，学习者可以根据不同的学习任务互换角色。情景角色扮演是要求若干个学习者按照与学习主题相关的情景分别扮演不同的角色，以营造一种与真实生活相近的外语操练场景。这种学习形式可以使学习者犹如身临其境，体验和理解学习内容和学习主题的要求，从而更有效地实现意义建构的学习策略。这种学习形式的优点是可以有效培养和锻炼学习者语言的综合应用能力，但缺点是学习者对学习任务的"知识差距"较难衡量。

（4）小组评价。小组评价是指学习者以自己的实践体验来评价学习成果，并通过评价促进进一步的学习。小组评价最重要的是要让学习者学会评价，尤其在计算机网络环境下，学习者既要对小组成员的学习进行评价，又要对小组整体的学习情况（组织、计划、进程、协调、互助、团队精神等）进行评价。无论是成员个别评价还是小组整体评价，学习者必须要转变观念，从以教师为中心的观察和测试评价转变到以学生为中心的互动合作评价。评价内容不仅包括学术方面的，而且还包括社交、文化等其他方面。在这种学习过程中教师应该让学生明白评价绝不能只依赖教师，并充分鼓励学生进行积极、中肯的小组评价。

（5）问题解决。问题解决是指学习者以解决某种问题的方式来进行学习。这实际上就是任务型学习的一种：首先提出并确定问题，其次分析问题，然后解决问题。通常情况下，问题的确定很关键，必须要有周密的考虑。问题应多种多样，既要符合学生的需求和兴趣，又要符合外语教学的规律。在分析问题的同时，要做好计划并明确小组分工。解决问题时，要相互合作、相互促进，以综合、灵活的方式解决问题，完成学习任务。

小组协作学习是信息化英语教学模式之一。上述五种方式为小组协作学习的基本方式。在具体的外语教学中，小组协作学习的方式还有很多种，因此必须灵活运用。

第三节　大数据时代信息技术与高校英语教学的融合

现代信息技术与英语教学的融合是英语教育教学改革的制高点、突破口。首先，要在以多媒体和网络为基础的信息化环境中实施英语教学活动，指学与教活动要在信息化环境中进行，包括多媒体计算机、多媒体课堂网络、校园网络和互联网络等。学与教的活动包括在网上实施讲授、讨论学习、协商学习、虚拟实验、创作实践等环节。其次，对课程教学内容进行信息化处理，使之成为学习者的学习资源，即教师开发和学生创作，把课程学习内容转化为信息化的学习资源，并提供给学习者共享，而不仅是教师用于演示，还可以把课程内容编制成电子文稿、多媒体课件、网络课程等，教师用于进行讲授或作为学生学习的资源。充分利用全球性的、可共享的信息化资源作为课程教学的素材资源，如数字处理的视频资料、图像资料、文本资料等作为教师开发或学习创作的素材，融合到课程内容相关的电子文稿、课件中，融合到学习者的课程学习中，还可利用共享的信息化资源与课程内容融合在一起，直接作为学习对象，供学生评议、分析、讨论。最后，利用信息加工工具，让学生知识重构，利用文字处理、图像处理、信息集成的数字化工具，对课程知识内容进行重组、创作，使信息技术与课程融合不仅向学生传授知识，让学生获得知识，而且使学生进行知识重构和创造。

一、大数据时代信息技术与高校英语教学融合的前提

融合需要结合英语学科特点和学生的心理特点。要更好地完成上述目标，在融合过程中，前提是切实结合英语学科的特点和学生的生理、心理特点，要依据英语学科特点和学生生理、心理特点剪裁和组合信息技术，安排课堂内容结构、运用教学策略和设计活动等。

首先，英语教学的学习是学生通过英语学习和实践活动，逐步掌握英语知识和技能，提高语言实际运用能力的过程。其中，听、说、读、写是一个有机整体。在课堂中，应该改变传统过分重视语法和词汇知识讲解的做法，采用任务驱动的途径，把听、说、读、写和译的各种技能结合起来，并将它们统一在具体的问题和任务中，让学生"在做中学，在做中用"。另外，根据英语学习认知过程分析，设计课堂教学的各个环节、步骤和活动。利用信息技术激发学生兴趣，用任务调动学生探究的热情，用个性化的学习让学生独立思考，用协作学习让学生进行交流、运用和建构。还要根据学生爱说、爱动，善于模仿，记忆力强，有强烈的竞争意识和表现欲，喜欢尝试把学到的语言材料随时进行对话、叙述和表演的特点，设计开展丰富多彩的课堂交际活动，便于学生边学边练，学用结合，使所学语言材料能够在运用中获得巩固和提高。

二、大数据时代信息技术与高校英语教学融合的条件

（一）语言学习环境的自然与真实

信息技术能够创设自然而真实的语言学习环境。集成性是多媒体技术的关键特性之一，可以将文字、声音、图形、动态图像有机地集成在一起，并把结果综合地表现出来。

与课本、录音带等教学媒体相比，多媒体计算功能能够提供更为真实、更接近自然的语言输入，提供情境性更强、更生动活泼的语言教学，从而激发学生的兴趣和学习动机。再加上多媒体技术与网络结合，不仅可以提供来源和表现形式多样化的英语输入量，还为学习者创造丰富、自然的目标语环境，让他们在真实的环境中学习和接受挑战性的学习任务，促进学习形态由低投入（被动型）转向高投入（主动型），对于学习者发现语言规律、建构自己的语言系统非常重要。

（二）有利于丰富自主学习的资源

多媒体与网络能够提供丰富的教学资源，引导学生自主学习。借助多媒体计算机和网络的海量存储，每个学生都会很容易得到比以前任何时候都多的信息，还有各种英语学习网站，如新东方网络课堂、洪恩英语网等。各种新型教学资源补充、扩展传统的教学资源，使学生获得更多的学习机会。不仅如此，很多计算机软件能够提供友好的交互界面，针对语音、听力、词汇、阅读、写作等语言技能提供练习任务，并给予相应的反馈和指导。通过人机对话方式，学生可以自主地探究学习，一方面扩大课堂的信息容量，增大训练的广度、密度和深度；另一方面有利于因材施教和个别化教学，更有利于培养学生的学习兴趣，以使其找到获取知识的最佳途径，获得最佳的学习效果。这是传统的课堂教学所不能比拟的。

（三）更好地体现高校素质教育

计算机和网络使素质教育在英语教学中得到更好的贯彻和体现。在计算机和网络所创设的真实、自然的语言学习环境中，学生不仅满足了个人兴趣，在生动活泼的氛围中感受和体验到特定的语境和标准的语音、语调，从而更好地把握所学内容，还陶冶了情操，开阔了视野，了解了外国的风土人情和文化，进而提高跨文化交际能力。另外，在和同伴直接交流中，可以发挥创造性思维能力和合作能力，让他们充分学以致用，解决实际问题。英语学习是多种感官的协同学习，掌握一门语言必然是听、说、读、写和译能力的综合掌握，计算机和网络不仅可以兼顾这些方面，还可以达到比传统教学手段更高的效果，从而全面提高其素质。

（四）建立新型教学结构和方式

融合是要建立一种新型的教学结构，在融合中不仅是把信息技术作为辅助教或辅助学的工具，还是强调利用信息技术营造一种理想教学环境，通过教师—学生—信息技术—教学资源有机融合和持续互动，建立教师主导—学生主体的新型教学结构，以实现一种能够充分体现学生主体地位的"自主、探究、合作"为特征的新型学习方式,切实促进英语教学改革。

通过新的师生关系、新的生生关系和新的学习工具,为学生创造大量的学习、实践、思考的机会,让学生发现和利用当前的信息和资源(包括师生、生生、生机之间的互动交流获得),并将所学知识和技能解决在较为复杂和真实的情境中的"开口"和"对话",让学生实质性地参与教学过程,真正做到"为用而学,在用中学,学了就用"。

三、大数据时代信息技术与高校英语教学融合的目标

融合的目标是促进英语学科的教学质量,促进英语学科教学目标的实现。换言之,融合追求的是促进英语学科的教学质量,提高学生学习英语的效果和效率,而不应是技术方面的目标。英语课程的总体目标是培养学生的综合语言运用能力。

综合语言运用能力的形成,建立在学生语言技能、语言知识、情感态度、学习策略和文化意识等素养整体发展基础上,对学生的基本要求:有较明确的英语学习动机和积极主动的学习态度;能够听懂教师有关熟悉话题的陈述并参与讨论;能够就日常生活的各种话题与他人交换信息,并陈述个人意见;能够读懂相当的读物和报纸、杂志,克服生词障碍,理解大意;能够根据阅读目的运用恰当的阅读策略;能够根据提示起草和修改小作文;能够与他人合作,解决问题并报告结果,共同完成学习任务,对自己的学习进行评价,总结学习方法;能够利用多种教育资源进行学习,进一步增强对文化差异的理解和认识。

融合是要将信息技术的应用自然地融合在课堂教学中,促进更好、更快、更多、更省地完成上述任务和要求。"只有在此基础上,才能追求发展性的培养目标(培养和提高学生的信息素养,不仅限于技术操作),将发展性目标统一在基础性目标的实现过程中,并与之协调发展,而不能本末倒置。"[1]

四、大数据时代信息技术与高校英语教学融合的方法

(一)利用网络平台优化英语课程资源

课程资源作为教学内容的基本载体,决定大学英语教学目标达成的基本条件。对于大学英语教师而言,需要有能力、有意识地选择与课程相关的教学资源,同时注重资源与课程内容的有机结合。在信息化发展环境下,信息资源的融合与优化已然成为教育信息化的

---

[1] 任杨,何高大.教育信息技术下大学英语教学有效性研究的思考[J].现代远距离教育,2014(3):54.

关键所在。利用网络技术进行英语素材的收集、筛选，同时进行改变与转化，也是每位教师需要具备的意识与能力。相比于以往纸质的教学资源，网络信息资源的特性决定其在信息刺激、信息输入量以及信息的可接受程度和转化程度方面更具优势，能够在单位时间内有效提升教学的效率与质量。

（二）信息技术与英语教学的战略协同

在信息化的发展背景下，信息技术在创设英语学习情境以及培养学生听、说、读、写能力方面有着难以替代的优势。此外，以多媒体为代表的教学科技也在文本、声音、动画以及视频等信息处理方面有着独到的价值。总的而言，信息技术的应用使教学方法更趋于完善，师生之间的交流更加高效与丰富。

为了更好地利用信息技术，在教学活动的组织过程中，可以借助网络技术创设一个更为形象生动的语言环境，保证学生在学习过程中有身临其境的感受，在一定程度上保证英语教学的开放性、共享性、协作性与交互性。值得一提的是，随着英语考试逐步向"机考"模式（即考试从头到尾都是面对着电脑屏幕，通过听音频、看视频、读文章、敲键盘来完成考试）发展，在教学过程中需要注重英语考试评价方式的革新，注重对学生快速阅读理解能力的培养，加大听力方面练习的比重，以此提升学生的英语应用能力。

（三）强化培训，加强英语教师信息素养建设

大学英语教师作为教学活动的重要组织者与引导者，在新时期的教学背景下，同样是实现信息技术与英语教学融合的关键要素。为此，高校要充分发挥自身平台优势，注重对教师的培养，提升教师对于硬件、软件的应用能力。特别是对于年龄较大、具有丰富教学经验的教师，学校应组织他们进行必要的计算机技能培训，在夯实信息技术应用基础的情况下，培养他们的信息技术应用思维和应用意识，以此促进大学英语教学活动的升级与发展。

五、大数据时代信息技术与高校英语教学融合的方式

（一）基于多媒体教学的英语实践

1. 多媒体教学特点与原则

英语多媒体教学的特点体现在，信息传递的全过程中改善了信息源的质量，为信息变换和反馈创造更为理想的途径，有效抑制部分干扰，并及时收集、归纳来自信宿的信息反馈，从而加大信息量，确保可靠性，最终达到完美的教学境界。学习外语，最佳的途径是

使学生置身于外语使用环境中,自然地接受所学语言的熏陶。英语多媒体教学在为学生提供趋于逼真的语言环境时,帮助学生直接接触英语国家的文化、风俗和习惯,使语言的学习与了解有关背景知识有机地联系起来,从而有助于迅速、准确地掌握外语。英语多媒体教学的上述特点,决定其对改善教学条件、扩大教学规模、落实教学大纲的要求、灵活运用教材、突出重点难点、因材施教等方面的促进作用。

英语多媒体教学应遵循以下原则:

(1)最优化。媒体的选择与组合包括电教媒体和其他教学媒体。媒体的效果因人、因时而异。因此,应按具体情况选择最佳媒体组合,使媒体选择与组合最优化。贯彻这一要求,应注意:①选择媒体要全面考虑,综合运用多种媒体,包括传统的与现代化的,要考虑教学的需要、各种媒体的特点和功能,还要考虑现实条件,如教学环境、设备状况、教师素质等,做到因地制宜,因人而异。②媒体的组合要合理,要把各种媒体的使用有机地组合起来,合理地应用于教学过程,力求使各媒体在教学中各尽所长。③在选择能取得相同教学效果的媒体时,以简便为上,力求内容精练、主题鲜明、操作方便、演示简易、效果显著。④防止音量过大、光线过强、时间过长,即过量刺激而引起抑制的反效果。

(2)反馈性。英语多媒体教学中,通过学生的反馈,教师能够了解学生对知识掌握的程度,从而调节教学节奏,改进教学方法,增减教学内容,做到教其所需、解其所惑。多媒体教学手段的运用,对利用反馈信息进行教学可提供许多有利条件,对及时、准确利用反馈信息实现调控,具有独到之处。贯彻这一要求,应注意:①反馈要及时、准确。只有这样,才能使学生明辨是非、强化知识和技能。②善于通过多种形式和途径建立反馈联系。如学生上课时的情绪、表情和思维活动状况,当堂的提问、作业、测验,课后作业与批改、辅导,都是了解学生状况、建立反馈联系的有效途径和形式。

(3)情景性。语言是人类交流思想的工具,人们的一切言语行为都是在一定的言语情景中发生。现代化教学手段的运用必须体现情景教学特色。贯彻这一要求,应注意:①电化情景可分为视觉情景和听觉情景两类,视觉情景,即发挥视觉功能,把情景活生生地展现出来,如幻灯、投影、录像教学等。听觉情景则是通过耳听感受情景,产生想象和联想,如情景对话、情景录音、课文广播剧等录音教学。视听同步是创造语言环境的最佳途径。②外语电教情景教学可分为三个阶段:感知——呈现情景,形成表象,产生联想;理解——深入情景,理解内容,掌握语言;深化——再现情景,丰富想象,记忆储存。

2. 多媒体教学的运用要点

(1)创设学习情境,激发学习兴趣。英语学习需要一个良好的语言学习和使用环境。多媒体教学软件具有形象、生动的特点,可以提供声情并茂的情境,激发学生的学习兴趣，丰富学生的学习素材，以激发学生学习英语、运用英语的积极性。运用多媒体教学软件进行英语教学，实施的出发点之一是力争使用多媒体教学软件创设出良好的语言学习环境，为学生提供运用英语进行听、说、读、写全方位训练的机会，从而提高学生学习英语的兴趣，有效培养学生听、说、读、写的能力。

（2）提供学习资料，开阔学生视野。英语教学中使用具有丰富内容的多媒体教学软件，可以为学习者提供大量的学习资料，而教学软件图、声、文字的结合，可使学生在学习时兴致盎然。通过利用这种学习资料型的英语教学软件进行学习，不仅可以使学生的听、说、读、写能力得到训练，而且在练习英语基本功的同时，开阔学生视野。这种学习资料型的英语教学软件可以是教师自行开发的，也可以从市场购买；学生对这类软件的使用，可以在课堂上，也可以是课后的学习辅助材料。

（二）基于网络资源的英语教学实践

网络教学是利用现代教育技术手段，特别是互联网调动尽可能多的教学媒体、信息资源，建构有意义的学习环境，充分发挥学生的针对性、积极性、创造性，使学生真正成为知识信息的主动建构者，达到良好的教学效果。网络教学具有开放性、自主性、交互性等特征。开放性主要体现在在线学习不受时空限制，资源通过网络而无限延伸；网络学习能充分发挥学生的自主性，网络课程的设计更适合个性化学习；通过网络领导与教师之间、教师与管理机构之间、教师与主题空间之间、教师与企业之间以及教师与教师之间、师生之间、学生之间，都可以进行互动交流和信息交流。网络课堂可以通过视频、音频、图片，使课堂教学呈现出异彩纷呈的情境，方便调动学生学习的积极性。

在网络环境下，网络自身是一个生动丰富的背景课堂，不仅为学生提供个性化的学习空间，让他们能够自主学习，教师也可以利用网络资源，为课堂教学创设形象真实的环境。

基于网络资源的英语教学运用具有以下特点：

第一，学习环境的形象性。多媒体英语教学课件可为学生提供真实的视听环境，通过视觉和听觉组合，提高教学效果，而网络英语教学不需要人为地创设一个多媒体环境，网络本身就是一个真实的多媒体世界，学生进入自然真切的情境中进行英语学习，且学习效果可以获得即时反馈。

第二，学习过程的创造性。网络英语教学选定互联网的某一站点或校园网的某一资源库作为学生取舍的素材来源，而对素材的选择、组拼、融合、消化、转换，则是通过学生发挥想象力和创造力完成。

第三，教学模式的先进性。网络英语教学是一种以学生为主体、以教师为主导的全员参与的"双主"模式,没有固定教材,在教师引导下,每个学生都将教师精心挑选的素材个性化地加工成一篇短小课文。换言之,学生利用网络环境和资源"编制"成"教材"。

第三,学习资源的开放性。网络具有很高的开放性,是一个无比丰富的资源库。和教师事先编制的课件或印刷的课本相比,网络为学生提供了全方位的学习资源。首先,网上的学习资料是动态的,处于即时更新的状态;其次,网上的资料丰富多彩,涵盖社会的各个方面,为师生双方提供很多的选择,有利于培养学生的自主学习能力;最后,网上资料形象生动,图文声并茂,很容易吸引学生的注意力,激发他们的学习兴趣。因此,网络英语教学将教室扩大到有信息海洋之称的互联网上,使网络成为学生学习英语的一个组成部分。

六、大数据时代信息技术与高校英语教学融合的途径

信息技术与英语教学融合应该借助信息技术的优势,利用多媒体信息集成技术、超文本技术、网络技术等优势特点,作为教师的英语教学辅助工具和学生英语学习的认知工具,构筑数字化英语学习资源,使学习者实现英语学习方式的变革,从被动接受式学习转变为自主学习和有意义学习。信息技术与英语教学的融合,将带来英语教育观念的转变,形成新型的教学结构,从以教师为中心的讲授,转变为学生探索发现式的自主学习、协商讨论和意义建构。

在信息技术与英语教学融合模式下,首先,教师根据教学目标对教材进行分析和处理,并以课件或网页的形式,把教学内容呈现给学生。学生接受学习任务以后,在教师指导下,利用教师提供的资料(或自己查找信息)进行个别化和协作式相结合的自主学习,利用信息技术完成任务。然后,师生一起进行学习评价、反馈。在整个教学过程中,学生的主体性和个别化得到体现,有利于学生的创新精神和问题解决能力的培养;教师通过融合任务,发挥自身主导作用,以多种手段帮助学生学习,进一步调动学生的学习积极性。信息技术与英语教学融合的具体途径包括以下方面:

(一)信息技术作为教师辅教工具

信息技术与英语教学融合是计算机辅助英语教学理念的提升和发展。原来的信息技术教学应用更加关注辅助教学,而且将信息技术孤立于课程目标之外,不能作为教学结构的有机元素看待,不能取得良好的教学效果。信息技术与英语课程的融合,并非忽视信息技术作为英语教学工具的功能,而是把其作为信息技术与英语教学融合的一个侧面。信息技术作为英语教师的教学辅助工具,主要是作为知识呈现工具、师生通信交流工具、测评工具以及情景展示工具等。信息技术作为英语教学工具,将更加关注教学设计的合理性,从英语教学目标出发,真正把信息技术融合于英语教学中。

（二）信息技术帮助学生认知学习

信息技术与英语教学的融合，和辅助英语教学具有明显区别，信息技术可以作为学生强大的学习与认知的有效工具，并且根据英语学习目标，学习者能够合理地选择信息技术工具。信息技术主要作为英语学习内容和英语学习资源的获取工具、作为协商学习和交流讨论的通信工具、作为知识构建和创作的实践工具和作为自我评测的反馈工具。学习者必须根据学习环境和目标以及预期结果，选择合适的信息技术工具作为自己的英语学习工具。

（三）信息技术利于学习环境构建

信息技术应该构建一个有效的英语学习环境。通过信息技术，可以呈现给学生一个真实的或者虚拟的学习环境，让学习者获得体验，学会在环境中主动建构、积极建构，构筑自己的学习经验。信息技术构建学习环境，可以通过网络通信功能以及虚拟功能等，营造学习者有效的英语学习环境。

第四节　大数据技术在英语教学信息化变革中的应用

信息技术的迅猛发展给大学英语教学课堂带来较大变革，不论是从教学思维的角度还是从教学工具的角度来说，信息技术都在一定程度上丰富了大学英语教学内容，强化了大学生的学习思维和眼界，增强了大学英语教学效果，促使大学生的学习思维能跟得上时代的潮流和教育市场的发展，为学生今后的就业和生活做好铺垫。大数据时代下的英语课堂就是网络化特征明显，以此延伸出诸多线上教学网站和学习平台，打破了传统教学在时间和空间上的约束，大学生可以随时随地利用线上平台学习英语知识，专业老师可以借助线上平台检查学生的学习进程。但就信息化的教学工具和学习工具来说仍然具有优势和劣势之分，需要老师和学生灵活地运用才能起到良好的效果。

"大数据时代的信息技术给大学英语课堂带来了诸多变化，其中不光是专业英语老师教学思维的转变，还有学生学习模式的转变。信息化的英语教学推动了学生自主学习的发展进程，为学生组建了一个相对自由、轻松并且趣味性浓厚的英语学习环境，在此基础上培育学生的英语综合素养和英语综合实力，为学生未来的就业和发展做好铺垫"①。

一、英语课堂融合信息化的教学理念

大数据时代的迅猛发展给整个教育市场带来了巨大的变革和创新，在各个高校的教育教学进程中，哪位教育工作人员能够在课堂上灵活地运用信息技术，其就能在激烈的教育市场中带领学生获得一部分的胜利，掌握较多的发展先机。

信息技术时代下衍生了诸多线上学习平台和教育软件，在大数据的影响下，大学生的学习课堂已经不是单个的教室，而是以互联网为基础的线上模式学习环境，在此过程中学生能够与老师和其他同学深入探讨问题，共同交流学习心得，而且这样的线上学习足迹是有保留的，专业老师可以依据学生的学习流程对其做出相应的点评和辅助。除此之外，网络上的学习平台能够依据学生的浏览记录自动地为其创设有针对性的教学方案，进而提升学生的学习效果。大学生英语专业是一门较为实用的语言艺术，专业英语老师如果想要增强学生的英语学习效果，就需要紧密融合信息化的教学思维，逐步丰富学生的英语课堂。在信息化的大学英语教学模式影响下，学生的学习思维和学习方式都有了较大的变革，大学生借助信息化的学习工具能够清晰地了解英语语言在未来就业和发展中的积极作用和现实影响，从而在大学期间更加努力学习。

二、大数据信息技术协助教师研发新模式

在信息技术的积极引用下，大学英语老师对学生的知识传播已经走出了教室，延伸到了线上的课外。信息化的英语课堂突破了老旧教学模式对时间和空间的约束，网上讲解的方式可以促使老师和学生灵活地调节学习时间，协助专业老师高效整合线上课堂的资源。即使信息化的英语课堂具有诸多优势，但是英语老师不能完全舍弃传统的教学模式，需要紧密融合二者的优势，组建适合当下学生实际需求和教育市场要求的新颖的教学模式。

英语老师需要在信息化的教学软件中添加自己所要讲解的内容、资源以及教学流程，以先进的管理模式对所有的班级实施高效的管理，并且借助系统化的网络平台对学生实施专业英语知识教学、课堂点评以及课后作业布置。在信息化的大学英语课堂上，专业英语老师借助英语影视作品教学的方式也较为常见。

例如，在组织学生观看《爱丽丝漫游奇境记》（*Alice in Wonderland*）这一影视作品时，英语老师可以依据影视场景用多媒体制作教学对话内容，让学生根据情景用角色扮演法分别饰演 Alice、Hatter、Queen of Heart、White Queen，按照英语老师创设的英语对话在课堂

---

①温立军. 大数据时代背景下的大学英语教学信息化变革研究［J］. 当代教育实践与教学研究，2019（21）：37.

上表演，在此基础上锻炼学生的英语口语表达能力和对知识的实用能力，而且还可以依据影视作品巩固学生的英语语法。例如，影视中的宾语从句"Alice in Wonderland is a fantastic movie. It is about how Alice ended the Red Queen's reign of terror"，其中 about 是介词，后面紧接着的是宾语从句，从中温习以前学过的英语知识，强化大学生的英语交际能力。或者在看《疯狂动物城》（Zootopia）时积累电影中经典的英语句子，如 Life's a little bit messy. We all make mistakes. No matter what type of animal you are, change starts with you. 这样的生活祈使句可以丰富大学生的英语学识，提升大学生的英语综合素养。

三、大数据时代下学生学习模式呈现多元化态势

互联网为学生的英语学习提供了较多的学习模式和学习思路，而且学生的英语学习也逐步呈现数字化和信息化的发展趋势。现在大学生能够在平时碎片化的时间打开学习软件学习英语知识，这样的信息化教学模式务必要和传统的教学模式紧密结合，在专业英语课堂上细心聆听专业老师的教学，课下利用专业教学软件巩固知识点。在二者的相互协助下，增强大学生的英语综合实力。大数据下的智能教学云平台系统为学生提供了较多的学习机会，学生可以在其中搜索到自己想要弥补的模块。如果学生的英语口语表达能力较为薄弱，就可以专门在平台上搜索有关强化英语口语表达能力的教学模块，依据其中的教学流程逐步强化学生的英语学习进程；而一些学生的英语写作基础较为薄弱，这时就可以搜索有关写作方面的教学，一步一步地跟着网络平台中的教学流程学习，增加英语知识积累，掌握写作技巧。并且线上学习平台给学生提供了多种与专业老师和其他学者共同交流的机会，学生可以直接在平台上发表自己在英语学习中遇到的问题，在其他学者的协助下强化自身的学习能力。

总而言之，大数据时代发展进程中的信息化英语教学直接冲击了传统的大学英语课堂，为大学生提供了较为先进、科学的信息化网络教学平台。在此线上平台中，专业老师能够灵活地运用各种教学资源和材料，并且高效地融合英语课本内容，探寻学生的网上学习现状，为学生带来相对优质的线上教学。而大学生可以借助智能网上教学平台随时随地学习英语知识，针对自己较为薄弱的英语模块实行系统性的训练和学习，在各种线上信息数据的冲击和灌输下寻找到适合自己自主学习的模式，从而增强自身的英语知识实用能力和英语综合素养。在大数据信息时代的积极作用下，促使大学英语教学课堂能够朝着快速、稳定的方向努力前行。

参考文献

[1] 李婷. 跨文化交际研究与高校英语教学创新探索［M］. 北京：九州出版社，2019.

[2] 唐君. 高校英语信息化教学研究［M］. 北京：中国国际广播出版社，2017.

[3] 温立军. 大数据时代背景下的大学英语教学信息化变革研究［J］. 当代教育实践与教学研究，2019（21）：37.

[4] 孟令波. 浅谈大数据时代下高校英语的跨文化交际教学［J］. 饮食科学，2018（22）：170.

[5] 柳菁菁. 试论高校英语教学中跨文化意识培养［J］. 食品研究与开发，2021，42（22）：252.

[6] 任杨，何高大. 教育信息技术下大学英语教学有效性研究的思考［J］. 现代远距离教育，2014（3）：54.

[7] 程亚品. "互联网+"时代下信息技术与英语教学的深度融合［M］. 天津：天津科学技术出版社，2019.

[8] 李红霞. 高校英语教学研究［M］. 天津：天津科学技术出版社，2017.

[9] 周晓娴. 多元化文化理念与当代英语教学策略研究［M］. 天津：天津科学技术出版社，2017.

[10] 刘梅，彭慧，仝丹. 多元文化理念与英语教学研究［M］. 延吉：延边大学出版社，2018.

[11] 马蕾. 大数据时代背景下大学英语写作教学改革分析［J］. 农家参谋，2020（17）：184.

[12] 胡敏. 大数据背景下POA大学英语口语教学模式探究［J］. 英语广场，2020（23）：104.

[13] 李芳，郭怡然. OBE理念下高校英语混合式教学模式探索［J］. 现代英语，2021（18）：22.

[14] 梁颖珊. VR技术在高校英语教学中的应用研究［J］. 佳木斯职业学院学报，2019（2）：210.

［15］马凌飞．大数据背景下的大学英语阅读教学模式探究［J］．校园英语，2021（21）：20．

［16］师育兰．大数据时代大学英语听力教学的改革途径分析［J］．科学咨询（教育科研），2021（5）：54．

［17］唐彬．基于微课的大学英语混合式教学模式研究［J］．湖北开放职业学院学报，2020，33（16）：158．

［18］王欣．人工智能视野下高校英语混合式教学模式构建策略［J］．太原城市职业技术学院学报，2020（11）：110．

［19］王亚丽．大数据时代大学英语翻译的问题与对策探讨［J］．校园英语，2018（27）：37．

［20］徐畅．基于翻转课堂的大学英语混合式教学模式与创新［J］．黑龙江教师发展学院学报，2022，41（3）：146．

［21］赵建华．混合学习应用的理论与方法［M］．北京：中央广播电视大学出版社，2015．

［22］马丽．高校英语教学目标中读听写的关系研究［J］．新教育时代电子杂志（教师版），2017（3）：33．

［23］陈思孜．多元文化视域下高校英语教学理论与有效方法研究［J］．科教导刊-电子版（上旬），2021（3）：233．

［24］魏丽珍，张兴国．高校英语教学的生态特性及教学定位探究［J］．环境工程，2022，40（2）：2．

［25］郭坤，田成泉．高校英语生态教学环境的优化［J］．教育理论与实践，2016，36（24）：56．

［25］宋君．高校英语有效教学的研究［D］．咸阳：西北农林科技大学，2012：7．

［27］潘瑞峰．高校英语课堂教学的有效性研究［J］．科技致富向导，2012（6）：61．

［28］韩宪武．新时期高校高专英语有效教学策略初探［J］．湖北科技学院学报，2013，33（3）：102．

［29］何彬．线上线下相结合的高校英语混合式教学模式探究［J］．英语广场，2022（6）：102．

［30］文燕．教师反思与高校英语有效教学的研究［J］．教育与职业，2010（18）：188．

［31］徐学敏．大数据技术在大学英语精准教学中的实践路径研究［J］．广东轻工职业技术学院学报，2021，20（3）：70．

［32］张瑜．大数据技术在高校英语教学中的应用研究［J］．成才之路，2022（9）：7．